新时代马克思主义教育理论创新与发展研究丛书

总 主 编 靳 诺
执行主编 翟 博 张 剑

坚持扎根中国大地办教育

靳 诺 主编

中国人民大学出版社
·北京·

编委会

总 主 编 靳 诺
执行主编 翟 博　张 剑
编委会成员 （按姓氏音序排列）

蔡 春	樊 伟	冯玉军	顾昭明
胡百精	靳 诺	刘复兴	孟繁华
秦 宣	任 青	檀慧玲	唐景莉
王树荫	王庭大	吴潜涛	杨伟国
袁占亭	袁自煌	翟 博	张 剑
张晓京	郑水泉	周光礼	朱庆葆

总　序

（一）

党的十八大以来，以习近平同志为主要代表的中国共产党人高举马克思主义伟大旗帜，深入总结中国共产党成立100年来的历史经验，全面概括新中国成立70多年来我国建设社会主义的历史成就，系统汲取改革开放40多年来中国特色社会主义的理论营养，深刻揭示共产党执政规律、社会主义建设规律和人类社会发展规律，逐步发展、形成了习近平新时代中国特色社会主义思想。党的十九大把习近平新时代中国特色社会主义思想确立为我们党必须长期坚持的指导思想并庄严地写入党章。第十三届全国人民代表大会第一次会议通过宪法修正案，郑重地把习近平新时代中国特色社会主义思想载入宪法。习近平新时代中国特色社会主义思想，是新时代中国共产党的思想旗帜，是国家政治生活和社会生活的根本指针，是当代中国马克思主义、21世纪马克思主义。

教育是国之大计、党之大计。习近平总书记高度重视教育在国家发展、民族复兴、人民幸福总体战略中的基础性、全局性、先导性作用，对教育的功能、地位、方向、属性、任务、改革、科研、评价、法治、保障、队伍建设、对外开放、信息化，以及研究生教育、在教育领域加强党的全面领导等许多重大的、带有根本性的问题都作出了科学、系统的论述，对推进教育改革发展作出了一系列重大决策，对教育改革创新作出了一系列重大部署，为中国特色社会主义教育事业的发展指明了方向。

2018年9月10日，全国教育大会在北京隆重召开。习近平总书记出席会议并发表了重要讲话。面对世界百年未有之大变局，面对新时代坚持和发展什么样的中国特色社会主义、怎样坚持和发展中国特色社会主义的重大时代课题，面对中国教育改革发展新的历史起点上的新的战略抉择，他旗帜鲜明地提出了教育"九个坚持"新理念新思想新观点，即坚持党对教育事业的全面领导，坚持把立德树人作为根本任务，坚持优先发展教育事业，坚持社会主义办学方向，坚持扎根中国大地办教育，坚持以人民为中心发展教育，坚持深化教育改革创新，坚持把服务中华民族伟大复兴作为教育的重要使命，坚持把教师队伍建设作为基础工作。

教育"九个坚持"对改革开放40多年来我们党领导中国特色社会主义教育事业改革发展的成功实践作出了科学总结，系统阐述了新时代关系我国教育事业改革发展的一系列方向性、全局性、战略性问题，是新时代习近平总书记关于教育工作的最集中、最全面、最系统的重要论述，集中反映了习近平总书记关于教育的重要论述的核心思想，是新时代我国教育事业改革发展的行动指南，是新时代马克思主义教育理论的创新与发展，把我们党对中国特色社会主义教育事业本质和规律的认识提升到了新的高度，为新时代我国深入推进教育领域综合改革、加快推进教育现代化、努力建设教育强国提供了科学思想指引和强大精神动力。

教育"九个坚持"全面体现了马克思主义理论和社会主义教育的历史逻辑，紧紧围绕培养什么人、怎样培养人、为谁培养人、谁来培养人这一根本问题，深刻回答了新时代坚持和发展什么样的中国特色社会主义教育、怎样坚持和发展中国特色社会主义教育等重大课题，全面反映了社会主义教育的本质和规律。教育"九个坚持"从教育的地位和作用、人的全面发展、教育与生产劳动相结合等理论维度出发，创新发展了马克思主义教育思想，开辟了中国特色社会主义教育理论新境界。

（二）

中国人民大学是新中国成立后建立的第一所新型正规大学，在中国人文社会科学研究领域独树一帜，是中国共产党扎根中国大地创办的新型高等教育的杰出代表。我们党100年来办教育的经验表明，新中国成立70多年来教育改革发展的伟大成就表明，改革开放40多年来中国特色社会主义教育的伟大实践表明，新时代我国教育改革创新的伟大探索表明：坚持扎根中国大地办教育，必须坚持马克思主义的指导地位，努力把高校建设成为学习、研究、宣传马克思主义的坚强阵地；坚持扎根中国大地办教育，必须加强党对教育事业的全面领导，把党的教育方针全面贯彻到学校工作的各个方面；坚持扎根中国大地办教育，必须以人民为中心办教育，努力办好人民满意的教育；坚持扎根中国大地办教育，必须坚持中国特色社会主义教育发展道路，办具有中国特色、世界水平的现代教育；坚持扎根中国大地办教育，必须把立德树人作为根本任务，培养德智体美劳全面发展的社会主义建设者和接班人。

中国人民大学的教育学科有着悠久的历史传统，传承了延安时期中国共产党建设马克思主义教育学的红色基因。以吴玉章先生、成仿吾先生等为代表的中国共产党的红色教育家和教育学家是开创我们党在现代正规大学中建设教育学科事业的先驱者。1950年10月3日，以华北大学为基础合并组建的中国人民大学正式开办，设教育学教研室以及专修科教育班，在全国最早引进以马克思主义为指导的苏联教育家凯洛夫主编的《教育学》，招收了新中国第一届教育学硕士研究生。可以说，当时的中国人民大学是培养新中国马克思主义教育学家的摇篮，为新中国教育学科的建设与发展、马克思主义教育理论在中国的传播与研究作出了历史性贡献。长期以来，无论是在延安时期还是中华人民共和国成立以后，无论是在改革开放的新时期还是党的十八大以来的新时代，中国人民大学始终不忘历史，不忘初心，把继承我们党马克思主义教育学研究的历史传统、赓续红色血脉作为自己的重要使命。

　　在新时代，我们深入研究、学习和领会习近平总书记教育"九个坚持"新理念新思想新观点，能够更加深刻地解释并更加全面地解答新时代坚持和发展什么样的中国特色社会主义教育、怎样坚持和发展中国特色社会主义教育等重大课题，同时也能够在世界百年未有之大变局中寻找指导教育改革创新和对外开放的战略思路，推动中国特色社会主义教育"走出去"，为世界教育发展提供中国经验、中国智慧和中国方案。深入研究、学习和领会习近平总书记教育"九个坚持"新理念新思想新观点，必须把握好以下几个维度：一是历史的维度。"九个坚持"是在继承马克思主义教育思想，科学总结我国社会主义教育特别是中国特色社会主义教育改革发展历史经验的基础上提出来的，是习近平新时代中国特色社会主义思想的有机组成部分。我们要用历史的眼光来研究、学习和领会"九个坚持"。二是问题的维度。"九个坚持"从新时代我国教育的战略定位、根本任务、根本宗旨、发展道路、依靠力量、领导核心等方面，系统阐述了我国教育事业改革发展的一系列方向性、全局性、战略性问题。我们要从新时代中国特色社会主义教育改革发展的实际出发研究、学习和领会"九个坚持"。三是国际的维度。"九个坚持"从推动构建人类命运共同体和人类文明对话与互鉴的高度，充分借鉴了世界各国和国际组织先进的教育改革发展理论和经验，也为世界提供了教育改革发展的中国经验与中国方案。我们要从国际视野出发研究、学习和领会"九个坚持"。四是未来的维度。"九个坚持"面向"两个一百年"奋斗目标，立足于实现教育现代化，建设教育强国，把服务中华民族伟大复兴作为教育的重要使命。我们要从建设社会主义现代化强国的未来目标出发研究、学习和领会"九个坚持"。

（三）

"新时代马克思主义教育理论创新与发展研究丛书"正是我们深入研究、学习和领会习近平总书记教育"九个坚持"新理念新思想新观点的一套代表作品，是一套力图深刻揭示教育"九个坚持"中蕴含的习近平新时代中国特色社会主义思想基础和社会主义教育事业发展规律、反映新时代马克思主义教育理论研究新成果的丛书，是一套关于新时代中国特色社会主义教育理论的创新之作，对研究和阐释习近平总书记关于教育的重要论述和习近平新时代中国特色社会主义思想具有重要意义。该丛书可以为新时代中国特色社会主义教育改革创新提供理论参照，可以为以人民为中心发展教育、办好人民满意的教育提供理论支撑。

丛书共有九本，分别对坚持党对教育事业的全面领导、坚持把立德树人作为根本任务、坚持优先发展教育事业、坚持社会主义办学方向、坚持扎根中国大地办教育、坚持以人民为中心发展教育、坚持深化教育改革创新、坚持把服务中华民族伟大复兴作为教育的重要使命、坚持把教师队伍建设作为基础工作等"九个坚持"的核心要义的理论价值和实践意义进行了系统阐释。一是重点阐述了教育"九个坚持"的历史背景,二是系统研究、深刻理解和把握了教育"九个坚持"的科学内涵,三是概括和分析了教育"九个坚持"的历史逻辑、理论创新和时代价值,四是阐释了教育"九个坚持"对马克思主义的继承、发展与创新,五是研究和提出了贯彻落实教育"九个坚持"的手段和途径。

2021年是"十四五"规划的开局之年,是全面建设社会主义现代化国家新征程的开启之年,也恰逢中国共产党成立100周年。在这样一个特殊的历史时刻,希望"新时代马克思主义教育理论创新与发展研究丛书"的出版,能够全面总结我们党百年来的教育理论与实践经验,系统学习、研究习近平总书记关于教育的重要论述,重点展现新时代马克思主义教育理论研究的新成果,切实为支持与引领新时代我国的教育改革创新、发展新时代中国化马克思主义教育学作出新的理论贡献!

靳　诺

2021年5月12日

前　言

在全国教育大会上，习近平总书记高度总结和概括了党的十八大以来党和国家关于教育改革发展的一系列新理念新思想新观点，其中"坚持扎根中国大地办教育"是以马克思主义为指导思想、对新时代我国教育改革发展面临的重大理论和实践问题的深刻回答，体现了中国共产党对中国特色社会主义教育规律的准确把握，是新时代建设具有中国特色、世界水平的现代教育的指导思想与行动指南。

一、建党 100 年来中国共产党高度重视教育工作，取得了伟大成就

在 100 年的光辉历程中，中国共产党始终高度重视教育事业，在吸收了中国传统文化、西方文化合理内核的基础上，以马克思主义为指导，结合资产阶级民主革命、土地革命、新民主主义革命、社会主义建设等不同历史阶段党的使命和任务，大力推进思想政治教育、义务教育、高等教育、职业与成人教育、农民教育、干部教育、妇女教育等教育事业的发展，为中国革命和社会主义建设输送了大批人才，为保障不同历史时期党的事业和战略目标的实现提供了坚实的智力支撑。特别是党的十八大以来，习近平总书记就教育改革发展做出了一系列重要讲话、指示批示，提出了一系列新理念新思想新观点，形成了习近平总书记关于教育的重要论述，从根本上阐明了新时代中国特色社会主义教育的发展方向、道路、方针、原则等一系列方向性根本性战略性问题，为加快推进教育现代化、建设教育强国、办好人民满意的教育提供了根本遵循和行动指南。

二、坚持扎根中国大地办教育是对马克思主义关于教育指导思想的继承、丰富和发展

马克思主义是我国立党立国的根本指导思想，马克思主义教育学说是我国教育科学的重要理论基础。习近平总书记提出"坚持扎根中国大地办教育"的重要论述，既继承了马克思主义关于教育的指导思想的精髓要义，又为办好新时代中国特色社会主义教育指明了方向。

坚持扎根中国大地办教育是马克思主义关于教育指导思想的新成果。马克思主义重视教育在社会发展和人的全面发展中的重要作用，指出教育是培养全面发展的人的手段，教育必须与生产劳动相结合。党的十八大以来，习近平总书记从理论和实践结合上系统回答了新时代坚持和发展什么样的中国特色社会主义、怎样坚持和发展中国特色社会主义这个重大时代课题，创立了习近平新时代中国特色社会主义思想。坚持扎根中国大地办教育正是以习近平同志为核心的党中央以马克思主义为指导，顺应教育发展规律、结合中国教育发展实际提出的关于教育指导思想的新观点，是马克思主义关于教育指导思想的最新成果。

坚持扎根中国大地办教育是新时代中国特色社会主义教育事业的指导思想。坚持扎根中国大地办教育是习近平新时代中国特色社会主义思想关于教育的新成果，是指引新时代中国特色社会主义教育事业改革与发展的行动指南，是新时代中国特色社会主

义教育理论体系的重要组成部分。习近平总书记在全国教育大会上发表的重要讲话，紧紧围绕培养什么人、怎样培养人、为谁培养人这一根本性问题，在准确把握国内外新形势新变化的基础上，深刻回答了我国教育改革发展的重大理论和实践问题，把我们党对教育工作的规律性认识提升到新的高度，为做好教育工作提供了根本遵循和行动指南。其中，坚持扎根中国大地办教育是教育发展的指导思想。坚持扎根中国大地办教育，既要求发展面向现代化、面向世界、面向未来的教育，体现教育改革发展的开放性、前瞻性，重视引进世界上教育现代化优秀成果，又要求必须把坚持中国特色、立足中国国情民情作为办教育的基本出发点，即在新时代办教育必须体现中国特色，强调坚持中国共产党领导，坚持社会主义办学方向，继承和发扬中华优秀传统文化，强调要把面向世界开放发展与中国特色、中国实际紧密结合起来，强调要推进中国教育、文化走出去。教育的改革发展必须要同党和国家事业发展要求相适应，同人民群众期待相契合，同我国综合国力和国际地位相匹配，办好具有中国特色、世界水平的现代教育。

三、坚持扎根中国大地办教育的核心要义是体现中国特色

坚持扎根中国大地办教育就是要始终体现中国特色，把中国特色融入教育发展之魂，在党的全面领导下，遵循教育规律，坚持社会主义办学方向，把教育深植于中华优秀传统文化的肥沃土壤中。

坚持党的领导是坚持扎根中国大地办教育的根本保证。中国共产党是领导中国教育事业发展的核心力量，始终坚持党对教育事业的全面领导是中国特色社会主义教育事业的鲜明特色，是中国特色社会主义教育制度的最大优势，是办好教育的根本保证。

坚持扎根中国大地办教育

改革开放以来，中国共产党始终以改革创新的精神推动着教育系统党的建设，经历了在复杂环境下领导和推进教育事业的重重考验，为建设教育强国和人力资源强国提供了最坚强有力的政治保证和组织保证。在党对教育事业的全面领导下坚持扎根中国大地办教育，是发展具有中国特色、世界水平的现代教育的根本保证，要始终坚持党管办学方向、管改革发展、管干部、管人才，把党的教育方针全面贯彻到学校工作各方面，使教育领域成为党的领导的坚强阵地。

遵循教育规律是坚持扎根中国大地办教育的基本原则。首先要遵循中国社会的独特发展规律，这是遵循教育的外部关系规律，即教育与社会发展的关系的基本要求。我国是中国共产党领导的社会主义国家，遵循中国社会独特发展规律，就是要遵循共产党执政规律和社会主义建设规律，坚持党对教育事业的全面领导，坚持社会主义办学方向。其次要遵循人类社会发展规律，这是遵循教育的内部关系规律，即教育与人的发展的关系的基本要求。遵循人类社会发展规律，坚持扎根中国大地办教育，要以人民为中心，办满足人民需要、符合人民期待的具有中国特色、世界水平的现代教育。

立足国情民情是坚持扎根中国大地办教育的基本出发点。扎根中国大地办教育，必须立足中国国情民情，始终体现中国特色，探索具有中国特色的社会主义教育改革发展之路。扎根中国大地办教育要坚持把教育放在优先发展的战略地位，加大教育投入，优化教育资源配置，着力实现教育更平衡更充分的发展，走中国特色社会主义国家办大教育、办强教育的发展道路，办好人民满意的教育。

坚持社会主义办学方向是坚持扎根中国大地办教育的根本要

求。我国是人民民主专政的社会主义国家，办的是社会主义教育，这决定了扎根中国大地办教育的根本要求是坚持社会主义办学方向。"培养什么人，是教育的首要问题。我国是中国共产党领导的社会主义国家，这就决定了我们的教育必须把培养社会主义建设者和接班人作为根本任务，培养一代又一代拥护中国共产党领导和我国社会主义制度、立志为中国特色社会主义奋斗终身的有用人才。这是教育工作的根本任务，也是教育现代化的方向目标。"扎根中国大地办教育必须坚持社会主义办学方向，以习近平新时代中国特色社会主义思想为指导，全面贯彻党的教育方针，培养社会主义建设者和接班人。

坚定文化自信是坚持扎根中国大地办教育的力量源泉。扎根中国大地办教育，必须坚定文化自信。坚持扎根中国大地办教育作为新时代中国特色社会主义教育事业的指南针，是文化自信在教育领域的集中体现。中国自古有重教、乐教、助教、兴教的优秀传统，有注重家庭、注重家教、注重家风的良好习惯，历经数千年形成了许多符合教育规律的历史经验，无数优秀教育家的教育思想与实践书写了中国教育发展史上浓墨重彩的篇章。中华优秀传统文化，特别是优秀的教育传统所具有的丰富蕴含与精髓旨要铸就了中国教育发展的历史辉煌，在世界教育发展史上独树一帜，时至今日仍然闪耀着时代的光芒，为新时代发展教育事业、建设教育强国提供了丰厚的滋养，也为世界教育的发展做出了独特贡献，是我们坚定文化自信、实现文化育人、坚持扎根中国大地办教育的精神源泉和重要力量。

四、坚持扎根中国大地办教育就是要办具有中国特色、世界水平的现代教育

坚持扎根中国大地办教育就是要立足中国国情民情，办好具有中国特色、世界水平的现代教育，推动我国从教育大国向教育强国转变，实现中华民族伟大复兴的中国梦。

坚持扎根中国大地办教育要加强党对教育事业的全面领导，要求各级党委要把教育改革发展纳入议事日程，党政主要负责同志要熟悉教育、关心教育、研究教育。各级各类学校党组织要发展好学校的思想政治教育，把党的教育方针全面贯彻到学校工作各方面，把思想政治工作贯穿教育教学的全过程，加强党对学校意识形态工作的领导权、主动权，牢牢掌握意识形态工作话语权。一要加强学校思政工作。通过学校思想政治课程建设、学科建设和教研工作，结合教育系统实际，深入推进习近平新时代中国特色社会主义思想学习教育。二要加强教师思政工作。把政治标准放在教师队伍建设首位，严格教师资格和准入制度，加强对教师思想政治素质、师德师风的监察监督。三要强化学校党务工作队伍和思想政治工作队伍建设，大力培育学校党务和思想政治工作领域领军人才。

坚持扎根中国大地办教育要全面把握新时代背景，立足中国需求，发展公平而有质量的中国特色社会主义教育。促进教育公平，一要加大资源倾斜力度和政策支持力度，改善乡村地区学校办学条件，推动城乡义务教育一体化发展。二要加强乡村地区教师队伍建设，全面提升教师队伍整体素质。三要全面实施精准教育扶贫，完善国家资助政策体系，实现资助政策全覆盖。四要办好乡村地区的网络教育和特殊教育，为乡村地区弱势群体享有公平而有质量的教育提供机会。提高教育质量，一方面要打好教育改革攻坚战。完善教育立法和实施体制，深化教育体制机制改革，促进基础教育、高中教育、职业教育、继续教育的改革和发展，不断完善中国特色社会主义教育制度体系，提升人才培养质量。

另一方面要不断推进我国教育现代化。完善教育现代化顶层设计，以规划为引领，启动并推进教育现代化工程；推进中西部高校基础能力建设，着力振兴中西部高等教育，不断提升我国教育综合实力和国际竞争力。

坚持扎根中国大地办教育要办以人民为中心的教育，依靠人民、为了人民、以人民为中心，充分发挥广大人民的积极性、主动性、创造性，坚持以人为本，回应人民群众对优质教育的美好期待。一方面，要依靠人民群众，发挥人民群众的主体力量。人民群众是教育发展的主体，是教育改革的实践主体，是教育改革政策的检验者，是推动教育改革创新的根本力量。扎根中国大地办教育，要尊重人民的主体地位，善于从人民群众的主动创造中汲取智慧，发挥人民群众的首创精神，不断根据变化发展的实际，丰富和发展教育理论和教育实践。另一方面，要以人民为中心，提高人民群众的教育获得感。人民群众对教育的期待是教育改革与发展的根本方向，人民群众的根本利益是教育改革的落脚点。发展以人民为中心的教育，要扎根中国大地，践行全心全意为人民服务的根本宗旨，把党的群众路线贯彻到发展教育事业的进程中，把人民对美好生活、优质教育的向往作为奋斗目标，办好人民满意的教育。

坚持扎根中国大地办教育要办社会主义教育，要坚持社会主义办学方向，把立德树人作为教育的根本任务，把培育和践行社会主义核心价值观融入国民教育全过程，培养德智体美劳全面发展的社会主义建设者和接班人。首先，在党的坚强领导下，全面贯彻落实党的教育方针，坚持马克思主义指导地位，坚持中国特色社会主义教育发展道路，坚持社会主义办学方向，立足基本国情，遵循教育规律，用马克思主义中国化的最新成果武装全党、全体人民，推动教育改革发展，这是办好中国特色社会主义教育的重要前提。其次，把立德树人作为教育的根本任务，融入思想道德教育、文化知识教育、社会实践教育各环节，不断促进学生全面发展、健康成长。最后，要大力推进中国特色社会主义理论进教材进课堂进头脑，将社会主义核心价值观教育贯穿人才培养全过程各环节。

坚持扎根中国大地办教育要办传承中华优秀传统文化的教育。第一，要注重教育阐释。充分发挥课堂的主渠道作用，把中华优秀传统文化和民族精神有机融入相关课程；加强对中华优秀传统文化的研究与阐释，探索新时代背景下中华优秀传统文化传承创新的现实路径。第二，要积极开展实践育人活动。结合当地文化特色和学校实际，建设带有中华优秀传统文化符号的学生社团和实践工作坊，组织开展丰富多彩的系列主题活动和实践体验活动。第三，要不断丰富宣传渠道。拓展校内校外、线上线下的教育平台载体，充分利用多种艺术形式，加强学校教育与社会教育的合作，宣传引导大众对中华优秀传统文化的学习，为扎根中国大地办传承中华优秀传统文化的教育提供支持。第四，要坚持教育发展的民族性与世界性的统一。要以开放的心态，立足中国，放眼世界，坚持本土化与国际化的统一，积极吸纳一切国际优秀教育成果，认真总结教育改革发展的中国经验，汇聚中国智慧，形成中国方案，积极参与国际教育治理，承担国际教育责任，提升中华文化软实力和教育影响力，为推动各国教育的共同发展、构建人类命运共同体做出贡献。

五、扎根中国大地办教育，必须坚持党的全面领导，传承红色基因

教育的发展必须有适合其生长的环境和土壤。中国的教育有着独特的内在逻辑和生成规律。我们党创造性地运用马克思主义基本原理和科学方法，在实践中形成了一系列关于教育工作的理论、方针和政策。在2021年5月教育部党组与中国人民大学党委理论学习中心组举行的党史学习教育联学活动上，陈宝生部长要求我们循脉而行，不断深化对教育初心使命的领悟，从党史之脉把握教育的根本任务，从大历史观把握教育的战略定位，从百年奋斗把握教育的历史贡献。中国共产党办教育之所以取得伟大成就，其根本原因在于坚持党对教育事业的全面领导，为我国教育事业的健康发展提供了坚强的政治和组织保证。中国共产党办教育是把马克思主义关于人的全面发展和教育与劳动生产相结合，坚持马克思主义在教育工作中的指导地位，坚持教育的社会主义性质和办学方向，强调把为人民服务、为社会主义建设服务作为教育工作的根本宗旨，强调受教育者德智体美劳的全面发展。正如同中国共产党自身的发展一样，传承红色基因，流淌革命血液，让教育事业始终航行在正确的方向。

目 录

新时代办好中国特色社会主义教育的新方略 ……………… 001
    一、马克思主义教育学说中国化的最新成果 …………… 003
    二、新时代中国特色社会主义教育事业的指导思想 …… 010

中国共产党始终坚持扎根中国大地办教育 ………………… 017
    一、在革命实践中产生的新民主主义教育 ……………… 018
    二、社会主义建设时期教育事业的恢复与探索 ………… 030
    三、中国特色社会主义教育的改革与发展 ……………… 038

坚持扎根中国大地办教育的核心要义是体现中国特色 … 059
    一、教育发展要坚持中国逻辑 …………………………… 060
    二、遵循教育规律与中国特色是扎根中国大地办教育的
        基本原则 ……………………………………………… 069
    三、立足国情民情是扎根中国大地办教育的基本出发点 … 071
    四、坚持社会主义办学方向是扎根中国大地办教育的
        根本要求 ……………………………………………… 077
    五、坚持党的领导是扎根中国大地办教育的根本保证 … 082
    六、坚定文化自信是扎根中国大地办教育的力量源泉 … 087

发展具有中国特色、世界水平的现代教育 ………………… 093
    一、坚持扎根中国大地办中国特色教育 ………………… 094

二、坚持扎根中国大地办以人民为中心的教育 ………… 102
　　三、坚持扎根中国大地办社会主义教育 ………………… 107
　　四、坚持扎根中国大地办传承中华优秀传统文化的教育 … 112
　　五、坚持扎根中国大地办党全面领导的教育 …………… 116
　　六、坚持扎根中国大地办开放融通的教育 ……………… 122

扎根于中华民族优良教育传统与中华文明的沃土 ………… 127
　　一、扎根于中国传统文化的指导思想 …………………… 128
　　二、中华优秀传统文化是中华民族的"根"和"魂" … 133
　　三、中华优秀传统文化是中国特色社会主义教育的
　　　　文化沃土 ……………………………………………… 136
　　四、在继承和创造性发展中建设社会主义文化强国 …… 143
　　五、中华文化中的红色教育传统 ………………………… 155
　　六、教育改革要坚持文化自信 …………………………… 158

使各级各类教育更加符合教育规律、更加符合人才
　　成长规律 …………………………………………………… 171
　　一、坚持教育优先发展战略 ……………………………… 172
　　二、教育要讲规律、讲科学 ……………………………… 177
　　三、深入思考教育事业发展规律 ………………………… 181
　　四、认真研究并充分尊重教育规律和人才成长规律 …… 186
　　五、认真研究并充分尊重学校办学规律 ………………… 193

扎根中国大地办好中国特色社会主义一流大学 …………… 197
　　一、扎根中国大地办大学的教育重要论断 ……………… 198
　　二、办世界一流大学必须扎根中国大地 ………………… 202
　　三、建设人民满意的中国特色社会主义大学 …………… 204

参考文献 ……………………………………………………… 211
后　　记 ……………………………………………………… 222

新时代办好中国特色社会主义教育的新方略

中国共产党成立100年来，一直十分重视教育工作。中华人民共和国成立以来，改革开放40多年来，特别是党的十八大以来，在党的领导下，经过积极探索和艰苦奋斗，我国教育事业取得了举世瞩目的成就。党的十八大以来，以习近平同志为核心的党中央站在坚持和发展中国特色社会主义、实现中华民族伟大复兴中国梦的战略高度，把加快教育现代化、建设教育强国摆在治国理政的突出位置，开展了一系列根本性、开创性、长远性工作，深刻回答了培养什么人、怎样培养人、为谁培养人的重大理论和实践问题，形成了一系列新理念新思想新观点。在2018年9月10日的全国教育大会上，习近平总书记将新时代教育改革发展的新理念新思想新观点概括为"九个坚持"。"九个坚持"是习近平总书记关于教育事业发展新理念新思想新观点的系统化，是一个逻辑严密的科学体系。其中，坚持扎根中国大地办教育是以马克思主义为指导思想，对当前我国教育改革发展面临的重大理论和实践问题的深刻回答，体现了中国共产党对教育工作规律性的准确把握，是新时代发展具有中国特色、世界水平的现代教育的指导思想和新方略。

马克思主义是我国立党立国的根本指导思想[①]，马克思主义教育学说是我国制定教育纲领和方针政策的指导思想，是我国教育科学的重要理论基础。马克思主义重视教育在社会发展和人的全面发展中的重要作用，指出教育具有历史性和阶级性，是一种

---

① 习近平. 在北京大学师生座谈会上的讲话. 人民日报, 2018-05-03.

生产力的再生产过程，是培养全面发展的人的手段，教育必须与生产劳动相结合，这蕴含了教育必须与社会实际相一致的内在要求。习近平总书记关于"坚持扎根中国大地办教育"的重要论述，既继承了马克思主义关于教育的指导思想的精髓要义，又为办好新时代中国特色社会主义教育指明了方向。

一、马克思主义教育学说中国化的最新成果

（一）作为教育发展基本原则的马克思主义教育基本理论

马克思主义经典作家站在无产阶级立场上，在吸取近代教育思想的精华的基础上，对资产阶级教育思想进行了批判性的思考，全面揭示了人类社会普遍发展规律，并形成了在社会主义国家发展教育的立场、观点和方法，构成了内容丰富、逻辑严密的马克思主义教育理论，指明了社会主义教育发展必须遵循的基本规律和基本原则。在坚持扎根中国大地办教育的过程中，必须遵循发展社会主义教育的基本原则。

重视教育在社会发展和人的全面发展中的重要作用。根据马克思关于教育与政治的关系的观点，"当无产阶级革命胜利，建立人民民主的政权之后，教育是无产阶级和广大人民群众用来改造旧社会，巩固和发展社会主义制度的重要战线"[①]。教育虽然不能直接成为生产力，但是教育通过培养具有一定知识和能力的人，可以为提高社会科技生产力起到重要的推进作用，是社会发展必须重视的重要方面。"工人阶级的最有教养的一部分完全了解，他们阶级的未来，也就是人类的未来，完全取决于正在成长的工人

---

① 厉以贤.马克思主义教育思想.北京：北京师范大学出版社，1992：24.

一代的教育。"① 并且随着知识在社会发展中的重要性愈加明显，教育在社会发展中也将起到更大的作用。

教育的本质是培养全面发展的人。马克思和恩格斯反对旧唯物论者的"环境决定论"和"教育万能论"，认为人的发展既受到环境的制约，也受到教育的影响，而在这之中，因为教育受到社会环境的影响，反映了社会环境的要求，所以教育对人的发展起特别重要的作用。在社会主义社会中，教育的本质是培养全面发展的人，教育也将对人的全面发展起到最重要的作用。马克思和恩格斯认为，教育作为一种社会现象，受到社会生产力和经济政治发展的制约，具有阶段性特征。而在资产阶级社会中，教育具有阶级性。马克思主义经典作家对资产阶级的教育观进行了批判，认为资产阶级社会的教育是资产阶级统治的工具，"学校完全变成了资产阶级统治的工具，它浸透了资产阶级的等级观念，它的目的是为资本家培养恭顺的奴才和能干的工人"②。而在无产阶级社会中，教育依然受到社会的影响，但"影响的性质"发生了改变，它摆脱了统治阶级的影响，学校教育不再按照统治阶级的标准和要求培养人。在社会主义和共产主义社会中，"教育将使他们摆脱现在这种分工给每个人造成的片面性。……能够全面发挥他们的得到全面发展的才能"③，教育的本质是培养全面发展的人。

注重教育与生产劳动相结合。教育与生产劳动相结合是培养全面发展的人的唯一途径。马克思和恩格斯认为，资本主义制度下的机器生产和社会分工造成了智力劳动与体力劳动的割裂和分离，也就造成了人的片面发展。在社会主义背景下，人要实现全

---

① 马克思恩格斯论教育. 北京：人民教育出版社，1958：11.
② 列宁. 列宁全集：第35卷.2版. 北京：人民出版社，1985：77.
③ 马克思，恩格斯. 马克思恩格斯选集：第1卷.3版. 北京：人民出版社，2012：308.

面的发展，必须实现智力与体力相结合，而其唯一的途径即使教育与生产劳动相结合，正如马克思所论述的，"未来教育对所有已满一定年龄的儿童来说，就是生产劳动同智育和体育相结合，它不仅是提高社会生产的一种方法，而且是造就全面发展的人的唯一方法"①。

马克思主义对教育是什么、教育培养什么样的人、怎样教育人以及教育的作用是什么等论述，从无产阶级的立场出发，运用辩证唯物主义和历史唯物主义的方法，科学地阐明了关于教育的几个根本性的问题，揭示了无产阶级教育发展的基本规律，奠定了无产阶级教育理论的基础，为坚持扎根中国大地办教育提供了必须遵循的基本原则。

(二) 马克思主义教育学说的中国化

1. 马克思主义教育学说的地位和作用

中国共产党人历来十分重视将马克思主义理论与中国实际国情相结合，重视马克思主义在中国具体情况下与中国实践、中国文化、中国历史的有机结合的实际运用，使马克思主义在中国实现具体化。习近平总书记是新时代马克思主义中国化最有力的践行者，是推进马克思主义中国化进程的典范。他指出："实践证明，马克思主义的命运早已同中国共产党的命运、中国人民的命运、中华民族的命运紧紧连在一起，它的科学性和真理性在中国得到了充分检验，它的人民性和实践性在中国得到了充分贯彻，它的开放性和时代性在中国得到了充分彰显。"② 为此，他强调，"要坚持用马克思主义观察时代、解读时代、引领时代，用鲜活丰

---

① 马克思，恩格斯. 马克思恩格斯全集：第23卷. 北京：人民出版社，1972：530.
② 习近平. 在纪念马克思诞辰200周年大会上的讲话. 人民日报，2018-05-05.

富的当代中国实践来推动马克思主义发展,用宽广视野吸收人类创造的一切优秀文明成果,坚持在改革中守正出新、不断超越自己,在开放中博采众长、不断完善自己,不断深化对共产党执政规律、社会主义建设规律、人类社会发展规律的认识,不断开辟当代中国马克思主义、21世纪马克思主义新境界"①,"推进马克思主义中国化时代化大众化"②。

马克思主义的历史唯物主义和辩证唯物主义是中国教育的方法论基础③。习近平总书记紧紧围绕培养什么人、怎样培养人、为谁培养人这一根本性问题,在准确把握当前世界格局快速变化及我国教育发展实际和未来发展方向的基础上,深刻阐明了新时代中国特色社会主义教育发展的指导思想,即要坚持扎根中国大地办教育。坚持扎根中国大地办教育是以习近平同志为核心的党中央以马克思主义为指导,顺应教育发展规律、把握时代脉搏、结合中国实际国情提出的新理论,是马克思主义教育学说中国化的最新进展,是引领新时代中国特色社会主义教育事业改革与发展的重要指导思想。坚持扎根中国大地办教育,体现了辩证唯物主义和历史唯物主义观点,要求办教育绝不能割裂中国历史条件、中国文化传统和中国国情,教育必须同党和国家事业发展要求相适应,同人民群众期待相契合,同我国综合国力和国际地位相匹配。教育必须把培养社会主义建设者和接班人作为根本任务,培养一代又一代拥护中国共产党领导和我国社会主义制度、立志为中国特色社会主义奋斗终身的有用人才。

---

① 习近平. 在纪念马克思诞辰200周年大会上的讲话. 人民日报, 2018-05-05.
② 习近平. 决胜全面建成小康社会 夺取新时代中国特色社会主义伟大胜利. 人民日报, 2017-10-28.
③ 顾明远. 中国特色社会主义教育理论建设要以马克思主义为指导. 中国教育科学, 2018(1).

2. 新时代中国特色社会主义教育思想对马克思主义教育学说的拓展与阐释

"马克思是全世界无产阶级和劳动人民的革命导师，是马克思主义的主要创始人，是马克思主义政党的缔造者和国际共产主义的开创者，是近代以来最伟大的思想家。两个世纪过去了，人类社会发生了巨大而深刻的变化，但马克思的名字依然在世界各地受到人们的尊敬，马克思的学说依然闪烁着耀眼的真理光芒！"① 扎根中国大地办教育，就是要坚持以马克思主义为指导，坚持中国特色社会主义发展道路，顺应新时代中国特色社会主义发展的新要求，奋力开拓新时代中国特色社会主义教育事业发展的新局面，谱写中国特色社会主义教育现代化的新篇章。

第一，以马克思主义关于"教育是一种生产力的再生产过程"理论为指导，坚持扎根中国大地办教育，立足中国实际、面向中国问题、解决中国关切，培养更多社会主义建设者和接班人，为中国发展服务。马克思主义关于"教育是一种生产力的再生产过程"理论阐明了社会主义教育在社会系统中的角色和功能。马克思主义指出，科学知识在未用于生产之前，只是一种意识形态的或潜在的生产力，要把潜在的生产力转变为人能掌握并用于生产的现实生产力，必须依靠教育。教育是劳动力再生产的重要手段，是科学知识形态生产力再生产的重要途径。马克思说："社会生产过程既是人类生活的物质生存条件的生产过程，又是一个在特殊的、历史的和经济的生产关系中进行的过程，是生产和再生产着这些生产关系本身，因而生产和再生产着这个过程的承担者、他们的物质生存条件和他们的互相关系即他们的一定的经济的社会

---

① 习近平. 在纪念马克思诞辰 200 周年大会上的讲话. 人民日报，2018-05-05.

形式的过程。"① 此外，教育也是科学知识传递和再生产的有效形式。"对脑力劳动的产物——科学——的估价，总是比它的价值低得多，因为再生产科学所必要的劳动时间，同最初生产科学所需要生产的必要的劳动时间是无法相比的。"②

习近平总书记始终高度重视教育的重要功能和价值，把教育的地位和作用提到了前所未有的高度，指出"教育是国之大计、党之大计"③，"是对中华民族伟大复兴具有决定性意义的事业"④。他强调："教育决定着人类的今天，也决定着人类的未来。人类社会需要通过教育不断培养社会需要的人才，需要通过教育来传授已知、更新旧知、开掘新知、探索未知，从而使人们能够更好认识世界和改造世界、更好创造人类的美好未来。"⑤ 他指出："培养社会发展所需要的人，说具体了，就是培养社会发展、知识积累、文化传承、国家存续、制度运行所要求的人。所以，古今中外，每个国家都是按照自己的政治要求来培养人的，世界一流大学都是在服务自己国家发展中成长起来的。我国社会主义教育就是要培养社会主义建设者和接班人。"⑥ 这就要求我们在发展教育时，既要遵循教育发展的一般规律，处理好教育与经济社会等其他事业的关系，优先发展教育事业，充分发挥教育的再生产功能，更要立足基本国情，扎根中国大地，坚持中国特色社会主义教育发展道路，坚持社会主义办学方向，培养更多社会主义建设者和

---

① 马克思，恩格斯．马克思恩格斯文集：第7卷．北京：人民出版社，2009：927.
② 王焕勋．马克思教育思想研究．重庆：重庆出版社，1988：291.
③ 习近平．坚持中国特色社会主义教育发展道路　培养德智体美劳全面发展的社会主义建设者和接班人．人民日报，2018-09-11.
④ 习近平．做党和人民满意的好老师：同北京师范大学师生代表座谈时的讲话．人民日报，2014-09-10.
⑤ 习近平．清华大学苏世民学者项目启动仪式在京举行．人民日报，2013-04-22.
⑥ 习近平．在北京大学师生座谈会上的讲话．人民日报，2018-05-03.

接班人，为中国的发展服务。

第二，坚持扎根中国大地办教育，在立德树人中实现人全面而自由的发展，是结合时代背景对马克思主义教育学说关于人的全面发展思想的深入拓展。马克思主义关于个人全面发展的理论为社会主义教育规定了明确的目的，为现代教育规定了基本的特征，并给予了真正的科学基础，是教育学最根本的原理[①]。马克思把教育直接地和个人全面发展联系到一起，提出"生产劳动同智育和体育相结合，它不仅是提高社会生产的一种方法，而且是造就全面发展的人的唯一方法"[②]。习近平总书记高瞻远瞩，提出要坚持扎根中国大地办教育，以立德树人为根本任务，培养"明大德、守公德、严私德"、德智体美劳全面发展的社会主义建设者和接班人，这是对马克思主义教育学说关于人的全面发展思想的生动诠释，大大拓宽和丰富了人的全面发展思想的含义，体现了教育要促进人的全面发展的根本目的。

第三，坚持扎根中国大地办教育，坚持教育与生产劳动相结合，以劳动托起中国梦，是对马克思主义关于教育必须与生产劳动相结合的新阐释。教育与生产劳动相结合是我党历来坚持的教育方针。马克思主义指出教育必须与生产劳动相结合为社会主义教育的发展提供了方法和路径。马克思指出："大工业……承认劳动的变换，从而承认工人尽可能多方面的发展是社会生产的普遍规律，并且使各种关系适应于这个规律的正常实现。大工业还使下面这一点成为生死攸关的问题：用适应于不断变动的劳动需求而可以随意支配的人，来代替那些适应于资本的不断变动的剥削需要而处于后备状态的、可供支配的、大量的贫穷工人人口；用

---

① 王焕勋. 马克思教育思想研究. 重庆：重庆出版社，1988：139.
② 马克思，恩格斯. 马克思恩格斯文集：第5卷. 北京：人民出版社，2009：557.

那种把不同社会职能当做互相交替的活动方式的全面发展的个人，来代替只是承担一种社会局部职能的局部个人。"[1]这就是说，现代学校教育从社会过程来说，是教育过程从生产劳动过程中第二次分离的结果，但是，就现代学校教育过程和现代生产劳动过程在现代社会中的相互关系来讲，二者又是密切联系和结合的。这种关系就决定了现代学校教育的目的、教学内容和方法与生产劳动密切联系和密切结合的性质[2]。以习近平同志为核心的党中央继承和发展了这一理念，深刻认识到教育与生产劳动相结合的重要性，这就要求我们新时代坚持扎根中国大地办教育，必须立足国情民情、坚持中国特色，重视劳动教育在培养全面发展的人过程中的重要作用，通过劳动教育托起中国梦，带领人民进行伟大斗争、建设伟大工程、推进伟大事业、实现伟大梦想。

二、新时代中国特色社会主义教育事业的指导思想

改革开放以来，全国人民在党的领导下坚持改革开放、坚持四项基本原则，大力推进经济建设和社会主义建设，探索出一条中国特色社会主义发展道路。从邓小平理论到"三个代表"重要思想、科学发展观，再到习近平新时代中国特色社会主义思想，形成了中国特色社会主义理论体系，而中国特色社会主义教育理论体系是中国特色社会主义理论体系的重要组成部分。在中国特色社会主义教育理论体系的指导下，我国教育事业实现了飞速发展，形成了中国特色社会主义教育体系。在这一过程中，由邓小

---

[1] 马克思，恩格斯. 马克思恩格斯文集：第5卷. 北京：人民出版社，2009：561.
[2] 王焕勋. 马克思教育思想研究. 重庆：重庆出版社，1988：225-227.

平教育理论、"三个代表"重要思想教育理论、科学发展观教育理论与习近平总书记关于教育的重要论述构成的中国特色社会主义教育理论体系为其提供了指导思想，为坚持和发展中国特色社会主义教育道路奠定了坚实的理论基石。

（一）邓小平教育理论

"十一届三中全会的重大历史转折标志着中国特色社会主义道路的伟大开端。"① 在党的十二大上，邓小平第一次明确提出了"中国特色社会主义"这个重大命题②。邓小平站在全局和时代的高度，对我国教育事业做了宏观的发展规划；从现实的需要和实践的角度，对改革开放以后教育领域中许多重大的关键性问题做了精辟论述。

首先，他确立了教育在社会主义现代化建设中的战略地位，提出"我们要实现现代化，关键是科学技术要能上去。发展科学技术，不抓教育不行"③，把教育当作现代化建设的重要力量，确立教育的优先发展战略地位，解决了教育在社会主义现代化建设中的地位问题。

其次，他提出了"三个面向"的教育发展方针和发展方向，确立了今后教育发展的路线和任务，解决了在社会主义现代化建设时期应该发展什么样的教育和怎样发展教育的重大战略问题。20 世纪 80 年代，邓小平从中国特色社会主义现代化建设的全局认识和讨论教育改革与发展的问题，提出"教育要面向现代化，

---

① 郑德荣，等. 中国特色社会主义道路基本问题研究. 北京：人民出版社，2012：1.
② 刘云山. 毫不动摇地高举中国特色社会主义伟大旗帜：学习党的十七大报告的体会. 求是，2008（2）：3-14.
③ 邓小平. 邓小平文选：第 2 卷. 2 版. 北京：人民出版社，1994：40.

面向世界,面向未来"。"教育要面向现代化"要求教育面向现代科学技术的发展,面向我国的社会主义现代化建设,为实现社会主义现代化强国培养科学技术人才;"面向世界"要求教育面向世界的先进科技、面向世界的教育现代化,不仅要引进国外先进的教材和教育理念,而且要学习国外先进的科学技术;"面向未来"要求教育面向未来的科技发展,根据未来社会对人的素质要求,以长远的、历史的战略眼光办好当前的教育。

最后,在培养什么人的问题上,邓小平在马克思列宁主义和毛泽东思想"培养全面发展的人"的基础上,提出社会主义教育要培养"四有新人","我们在建设具有中国特色的社会主义社会时,一定要坚持发展物质文明和精神文明,坚持五讲四美三热爱,教育全国人民做到有理想、有道德、有文化、有纪律"①。通过对这三个重大问题的回答和论述,邓小平为发展中国特色社会主义教育事业指明了方向,规划了路线,奠定了基础。此外,他还提出要尊重知识、尊重人才,加强党对教育工作的领导,加强思想政治教育,等等,形成了比较充实和丰富的中国特色的教育发展理论。

(二)"三个代表"重要思想教育理论

随着实践的发展、形势的变化,中国特色社会主义教育发展道路的思想基础也在不断与时俱进,以江泽民同志为主要代表的中国共产党人结合新的时代条件,正确把握教育发展规律,在继承马克思主义教育理论、毛泽东教育思想和邓小平教育理论的基础上提出一系列体现新世纪新阶段教育工作的新要求和新特点的

---

① 邓小平. 邓小平文选:第3卷. 北京:人民出版社,1993:110.

教育论断。江泽民指出，党要始终代表中国先进文化的前进方向，建设面向现代化、面向世界、面向未来的，民族的科学的大众的社会主义文化①。必须将科教兴国作为战略方针，把教育作为民族发展和振兴最根本的事业，作为现代化建设的基础工程和根本大计，摆在优先发展的战略地位。"三个代表"重要思想教育理论还要求教育必须促进人的全面发展，只有全面发展的人才能代表"先进文化的前进方向"，"人的全面发展既是现代化实现的手段，又是现代化实现的目的"②。"三个代表"重要思想教育理论，深刻揭示了改革开放新时期我国社会主义教育事业的本质和发展规律，是新时期指导我国教育改革、创新和发展的强大思想武器。在我国的教育实践中，"三个代表"重要思想教育理论主要体现在科教兴国战略、教育优先发展战略、全面实施素质教育、不断推进教育创新、人才强国战略的提出和落实上。

（三）科学发展观教育理论

党的十六大以来，以胡锦涛同志为总书记的党中央立足基本国情，深入分析我国发展的阶段性特征，认真总结我国教育改革和发展的实践，提出了一系列新的重要论断，形成了科学发展观教育理论，继承与发展了马克思主义教育思想中关于人的全面发展和关于重视教育在社会经济发展中的作用与地位的思想，如提出"以促进经济社会和人的全面发展为发展的终极目标"③，强调科教兴国和人才强国等。同时，把发展教育事业作为坚持"发展是第一要义"、坚持"以人为本"核心理念、坚持"全面协调可持

---

① 虞云耀．"三个代表"重要思想概论．北京：中共中央党校出版社，2006：118．
② 柳林元．"三个代表"重要思想的理论与实践．北京：社会科学文献出版社，2007：413．
③ 冯刚，张剑．科学发展观教育理论研究．北京：教育科学出版社，2011：2．

续发展"、坚持"统筹兼顾"的必然选择，把办好人民满意的教育作为当前教育事业发展的重要内容。科学发展观教育理论体现了新形势下我国教育发展的新需要、新要求和新特点，进一步拓展了中国特色社会主义教育发展道路的理论内涵。

（四）习近平总书记关于教育的重要论述

党的十八大以来，习近平总书记在治国理政新理念新思想新战略和系列重要讲话中，提出了系统的关于教育改革创新的思想，主要包括创新是引领发展的第一动力、深化教育领域综合改革、全面推进依法治教、全体人民共享优质教育、建设世界一流大学和一流学科、加强党对高校的领导等六个方面的主题。习近平总书记关于教育改革创新的思想引领着全面建成小康社会新时期我国教育领域的改革发展与创新进步的方向，已经成为中国特色社会主义教育理论的有机组成部分。

党的十九大确立了习近平新时代中国特色社会主义思想的理论指导地位。在习近平新时代中国特色社会主义思想内涵中，坚持党对一切工作的领导，坚持人民中心地位，坚持全面深化改革，坚持新发展理念，坚持全面依法治国，坚持社会主义核心价值体系，坚持推动构建人类命运共同体，实现"幼有所育，学有所教"、教育现代化，青年是国家的前途和希望等思想，既是对党的十八大以来教育理论创新的全面继承，又是在新的历史条件下的思想创新，为新时代中国特色社会主义教育发展道路提供了理论指南。

习近平总书记关于教育的重要论述主要包含以下几方面：

1. 创新是引领发展的第一动力

改革开放初期，中国特色社会主义理论创立者邓小平在继承和总结马克思主义关于"科学技术是生产力"命题的基础上,创造性地提出"科学技术是第一生产力"①的科学思想,从而为我国提出科教兴国战略指明了方向。在全面建成小康社会的新时期,习近平总书记在科学把握创新发展、新科技革命和产业变革、数字经济的历史性机遇基础上,明确提出了"创新是引领发展的第一动力"和"创新驱动实质上是人才驱动"的思想,这一思想成为指导我国在全面建成小康社会新时期继续改革开放和实施教育改革创新的重要思想。

2. 深化教育领域综合改革

深化教育领域综合改革是习近平总书记关于"全面深化改革"思想的重要内容,是习近平教育改革创新思想的重要组成部分,也是解决全面建成小康社会新时期我国面临的教育改革创新发展问题的根本要求和基本途径。

3. 全面推进依法治教

全面推进依法治教是习近平总书记关于"全面依法治国"思想的重要内容,是习近平教育改革创新思想的重要组成部分,也是解决全面建成小康社会新时期我国面临的教育改革创新发展问题的一个根本保障。

4. 全体人民共享优质教育

党的十八届五中全会提出了"共享发展"的新理念,丰富和发展了全面建成小康社会新时期我国关于社会公平与教育公平的思想理论,把我国社会公平和教育公平的理论、政策与实践推向了一个新的高度。

5. 建设世界一流大学和一流学科

党的十八大报告提出了"着力提高教育质量"和"推动高等

---

① 邓小平. 邓小平文选:第3卷. 北京:人民出版社,1993:274.

教育内涵式发展"的要求,习近平总书记则提出了"发展具有中国特色、世界水平的现代教育"命题,提出了"扎根中国大地办大学"的要求,赋予教育质量问题新的更高水平的内涵与要求,做出了"建设世界一流大学和一流学科"的重大战略部署,并特别强调了要加强党对高校的领导。

6. 加强党对高校的领导

习近平总书记十分重视加强党对高校的领导,多次强调要通过加强党对高校的领导来引领教育现代化、建设世界一流大学与一流学科和办好中国特色社会主义大学。习近平总书记提出了"我国高等教育发展方向要同我国发展的现实目标和未来方向紧密联系在一起,为人民服务,为中国共产党治国理政服务,为巩固和发展中国特色社会主义制度服务,为改革开放和社会主义现代化建设服务"[①] 的"四为"要求,还在第二十三次全国高等学校党的建设工作会议上指出,加强党对高校的领导,加强和改进高校党的建设,是办好中国特色社会主义大学的根本保证。

---

① 习近平. 把思想政治工作贯穿教育教学全过程　开创我国高等教育事业发展新局面. 人民日报,2016-12-09.

中国共产党始终坚持扎根中国大地办教育

新中国教育在中国共产党的领导下，走过了从新民主主义教育到社会主义教育的光辉历程，把一个充斥 80% 多文盲的人口大国转变为人力资源大国，正在面向 2035 年教育现代化的目标，推动中国向人力资源强国、创新型大国与教育强国迈进。中国教育发展的这一历程是与中国革命、建设、改革的发展历程联系在一起的，也是与中国共产党 100 年的苦难辉煌联系在一起的，经过了艰苦曲折的道路。中国共产党在这一历程中，始终坚持扎根中国大地办教育，立足中国实践，解决中国问题，逐步走出了一条中国特色社会主义教育发展道路。

一、在革命实践中产生的新民主主义教育

新民主主义教育是中国新民主主义革命时期，由中国共产党领导的以共产主义思想为指导的民族的、科学的、大众的教育[1]。新民主主义教育萌芽于五四运动时期，形成于革命根据地时期，是马克思主义教育思想在中国传播，并和中国革命相结合的产物。

（一）新民主主义教育纲领的提出

新文化运动中，各种西方思潮大批涌入中国，中国先进知识分子开始大规模学习和介绍马克思主义，并以此来观察和分析中国问题，指导中国革命。在教育领域中，李大钊、陈独秀第一次

---

[1] 中国大百科全书总编辑委员会《教育》编辑委员会. 中国大百科全书·教育. 北京：中国大百科全书出版社，1985.

正确地揭示了教育与政治、经济的关系，正确地阐明了教育的性质。他们运用历史唯物主义的观点，从经济基础和上层建筑的关系出发阐明教育不能脱离政治、经济的发展，教育具有历史性和阶级性的特点。杨贤江翻译了许多马克思主义教育著作，并编写了我国第一部运用马克思主义观点阐明教育理论的著作《新教育大纲》，以及我国最早运用历史唯物主义观点和方法研究教育历史的著作《教育史 ABC》。这些早期马克思主义者的教育思想，对中国此后马克思主义教育理论的发展产生了重大影响，为新民主主义教育奠定了理论基础。

1921 年 7 月，中国共产党诞生。在随后召开的党的代表大会上，教育问题都是会议的重要问题。党中央制定了一系列教育方针、政策和措施，形成了中国共产党的新民主主义教育纲领。

一方面，教育要面向工农大众。在两千多年的封建社会中，下层民众几乎没有接受学校教育的机会和权利，广大妇女基本上被排除在学校大门之外。中国共产党的阶级基础是工人阶级，代表的是工农大众的利益和要求，因此在教育上，也要面向工农大众办教育。

1922 年 5 月，在广州召开的第一次全国劳动大会上，与会代表们讨论了对工人阶级进行社会主义教育的问题。会后拟定的《劳动立法原则》和《劳动法案大纲》都要求"以法律保证男女劳动者有受补习教育之机会"。当年 10 月，中国共产党又利用全国教育会联合会在山东济南召开第八届年会的机会，由中国劳动组合书记部山东支部、济南劳动周刊社及山东社会主义青年团联合向大会提出《劳动教育建议案》。1925 年 5 月在广东召开第二次全国劳动大会，与会代表代表了全国 54 万工人群众。此次大会讨论通过了《工人教育决议案》，阐述了工人教育的任务、内容、方法和重点等内容。它提出工人教育的任务，一是"促进阶级觉悟"，二是"训练战斗能力"。阶级觉悟是"工人阶级所以能战胜资产阶级"的动力。工人教育的内容，不仅应注意工人日常生活的需要，更重要的还在于"用这些日常生活知识材料，说明其原因结果，引用他们生活困苦之根源及现社会之罪恶，以唤醒其阶级觉悟"，并且要着重"在行动中去教育工人"。关于工人教育的实施方法，《工人教育决议案》指出，补习学校、工人子弟学校、工人阅书报社、化装演讲、公开演讲、游艺会等，都是进行工人教育应采取的形式。其中应以补习学校为重点，通过它来教育成年工人和青年工人，以服务于当前的斗争；也要次第创办工人子弟学校，以培养有力的后备军。

在农民教育问题上，当时的乡村教育，私塾和学校同时存在，要么不适应日益变化的现代社会，要么不合乎农民的需要。面对当时农民普遍缺乏教育的情况，中国共产党在领导各地农民运动时都提出了普及义务教育的主张。中共广东区委在1926年扩大会议上通过的《农民运动决议案》在拟定最低限度的政纲时提出，在教育方面，"（一）普及乡村义务教育。（二）以地方公款十分之五以上办乡村学校"①。1926年中共湖南区第六次代表大会通过的宣言中关于"农民的最低限度之政治经济要求"提出，在教育方面"一、普及义务教育免收学杂费；二、由县政府拨款办理农民补习教育"②。同时，中国共产党人也认识到，在当时的条件下，依靠政府的力量是不可能实现农民普及义务教育的，只有农民自己起来办教育，才能实现农民教育的普及，这种教育才能真正合于农民自己的需要。

---

① 第一次国内革命战争时期的农民运动资料. 北京：人民出版社，1983：346.
② 同①395.

另一方面，要改革教育制度。1922年5月，在广州召开的中国社会主义青年团第一次全国代表大会上通过的《中国社会主义青年团纲领》提出："社会主义的青年应运动改革学校制度，使一般贫苦青年得受初步的科学教育，并极力运动建设普遍的义务教育和学生参加一切学务管理。取消宗教关系、地方关系及一切不平等的待遇。"[①] 此次会议还通过了青年团教育工作的行动纲领《关于教育运动的议决案》，提出要开展"青年工人和农人特殊教育的运动""普遍的义务教育和免除学费的运动""男女教育平等运动""学生参加校务运动""非基督教学生在基督教学校内的平等待遇运动""统一国语和推行注音字母的运动"六种教育运动。此外，1922年7月，中共二大通过的大会宣言明确提出了在教育上男女平等、实行教育普及的主张。1924年国共合作建立时的《中国国民党第一次全国代表大会宣言》和1926年广州国民政府教育行政委员兼广东教育厅厅长许崇清拟定的"教育方针草案"，都反映出这一时期中国共产党在教育问题上的重要革命主张是改良教育制度。

在新民主主义教育纲领的指导下，中国共产党结合中国国情和革命的需要，积极开展形式多样的工农教育和干部教育实践。随着革命形势的高涨，工农教育发展很快，如湖北在全省总工会下面设立教育局，办了70所工人学校，共200余班。粤、湘、鄂、赣等南方各省也开展起轰轰烈烈的农民教育运动。在干部教育方面，创办了湖南自修大学、湘江学校、上海大学、农民运动讲习所、黄埔军校等，培养出大批党团干部，他们成为新民主主义革命时期各方面的骨干，也为以后的革命干部教育积累了经验。

---

① 中国新民主主义青年团中央委员会办公厅. 中国青年运动历史资料（1915—1924）. 1957：30.

（二）土地革命根据地的教育实践

新民主主义教育是在革命根据地逐步形成的。革命根据地又分为土地革命根据地（又称苏区）、抗日民主根据地、解放战争时期的解放区。这几个时期的革命任务不同，但均属于革命战争时期，其教育都是为革命战争服务的。

1927年中国共产党开辟了井冈山革命根据地及其他十几处根据地，进行了土地革命，建立了人民革命的苏维埃政权。在发展根据地经济的同时，兴办人民教育事业。当时，为了取得土地革命的成功和反对国民党军事"围剿"的胜利，共产党和苏维埃政府提出"一切苏维埃工作服从革命战争的要求"，教育工作也不例外。1934年1月，毛泽东在中华苏维埃第二次全国工农兵代表大会上所做的报告中提出，苏维埃文化教育的总方针"在于以共产主义的精神来教育广大的劳苦民众，在于使文化教育为革命战争与阶级斗争服务，在于使教育与劳动联系起来，在于使广大中国民众都成为享受文明幸福的人"。苏维埃政权下的文教建设，主要从三个方面进行。

第一，厉行全部的义务教育。为摆脱工农子女愚昧无知的状况，义务教育面向全体人民群众特别是劳动群众办学，在积极创办各种形式的小学的同时，还对红军子女和贫寒人家子女入学制定了优待办法，动员学龄儿童入学读书。在学制、课程和教材上从实际出发，旨在"训练参加苏维埃革命斗争的新后代，并在苏维埃革命斗争中训练将来共产主义的建设者"[①]，并依据苏区的实际需要和儿童的接受能力来设置课程和编写教材。在教育过程中，

---

① 中央教育科学研究所．老解放区教育资料（一）．北京：教育科学出版社，1981：308．

通过教学和组织师生参加校内外社会活动、生产劳动，使得教育与政治斗争和生产劳动紧密联系，也注重在教学中发挥儿童的创造性，用民主的方法管理学生。

第二，发展广泛的社会教育。当时，"每百人中不识字的有八十到九十人之多，每千人中能够进学校读书的不超过十五人到二十人。极大部分的工人和农民都是文盲。尤其是劳动妇女可以说整个的都是文盲"[①]。为更好地服务于革命战争和苏区建设，苏区的社会教育任务以识字扫盲运动为中心，同时也结合识字进行政治教育和科学技术教育，旨在提高工农劳动群众的文化知识水平和政治思想觉悟，使其积极地投入革命战争和巩固苏区、建设苏区的斗争。成年男女劳动群众，即工人、农民、妇女等，被组织在业余时间参加教育，具体教育形式包括识字组、识字班、夜校、半日校、冬学、民众学校、读报组、俱乐部等。

第三，干部教育。革命根据地的干部教育旨在培养、训练从事革命工作的各种干部人才，帮助其成长、提高。在四周都是敌占区的革命根据地，无论是为了适应变化万端的战争环境，争取革命战争的胜利，还是为了开展根据地的政权建设，都需要成千上万的干部去发动和领导广大群众，因此需要迅速地壮大和补充干部队伍，也需要不断提高广大干部的政治素质、文化素质和业务素质。为此，苏区通过在职干部教育和干部学校两种方式开展干部教育。在职干部的教育内容包括文化识字、理论知识和业务知识，主要通过在工作斗争中学习、组织文化识字活动、编辑出版报纸杂志等学习材料、成立马克思主义研究会、办各类培训班的形式进行。干部学校往往受到各级共产党组织的高度重视和具

---

① 中央教育科学研究所. 老解放区教育资料（一）. 北京：教育科学出版社，1981：40-41.

体领导，学习时间短，内容少而精，实行教育与生产相联系的方针，一律实行军事化，教学方式相对灵活，能够在较短时间内培养出大批优秀的革命干部。

（三）抗日民主根据地的教育实践

1937年卢沟桥事变后，中国共产党在陕甘宁、晋察冀、山东、华中、东江等地区陆续建立了抗日民主根据地，根据地实施"抗战教育"。毛泽东在《为动员一切力量争取抗战胜利而斗争》中指出，今后的任务是"动员一切力量争取抗战胜利"，要"改变教育的旧制度、旧课程，实行以抗日救国为目标的新制度、新课程"[1]。教育方针继承和发展了苏区文化教育的总方针，提出教育为长期抗战服务、教育与生产劳动相结合的抗日民主根据地的教育方针。

第一，抗日战争时期的教育是面向根据地的教育。抗日战争时期，从1937年7月的卢沟桥事变，到1945年8月日本侵略者无条件投降，中国共产党领导的革命力量，除陕甘宁边区外，先后建立了19块敌后抗日根据地。中国共产党领导的各抗日根据地虽然建立了各级政府，有了相对稳定的后方，但还只是中国共产党领导下的地方政权。在这一时期，新民主主义教育只能推行到中国共产党领导的各个敌后抗日根据地。因此，这一时期的新民主主义教育，首先也只能是面向根据地的教育。从当时的情况看，包括陕甘宁边区在内的几乎所有的敌后抗日根据地，形势复杂，环境恶劣，经济落后，基础教育薄弱，因此，面向抗日根据地的新民主主义教育也呈现出多种多样、水平参差不齐的局面。有为

---

[1] 毛泽东. 毛泽东选集：第2卷.2版. 北京：人民出版社，1991：356.

大众开设以识字扫盲为目的的冬学、夜校、半日校、识字班、扫盲班等，也有以丰富根据地人民群众文化生活为目的的民众教育馆、戏曲演出等。

第二，抗日战争时期的教育是面向战时的教育。抗日战争时期，以毛泽东同志为主要代表的中国共产党人始终坚持把抗日战争作为最大的政治，坚持教育为抗日战争服务的原则，在教学内容上增添抗战所急需的知识，在教学方法上机动灵活，讲求实效。"一切为了革命，一切为了抗日"，始终贯穿于抗日民主根据地各级各类学校乃至各式各样的社会教育实践中。学校改定学制，废除不急需与不必要的课程，改变管理制度，以教授战争所必需之课程及发扬学生的学习积极性为原则，同时创设并扩大各种干部学校，培养大批的抗日干部[①]。各抗日民主根据地也都把抗日救亡作为民众教育的中心，采用各种方式向广大民众宣传抗日救国的思想。通过进行时事讨论、演讲、学唱国防歌曲、演国防戏剧等一系列教育活动，激发民众的爱国热情，增强民众争取抗战胜利的信心。

第三，抗日战争时期的教育是面向农村的教育。至1944年，除陕甘宁边区外，中国共产党领导的敌后抗日根据地共19块，总面积为85.8万平方公里，约9 400万人口，占全国人口的36.6%[②]。然而，中国共产党领导的抗日民主根据地虽然分布在华北、华中和华南等广大区域，但基本上位于农村和山区，1亿人口中的绝大多数是农民。因此，中国共产党面向根据地开展的新民主主义教育，必然是面向农村、面向农民的教育，中国共产党把教育的重点放在农村，强调教育要为农村的各项建设服务，贴近广大农

---

① 中央档案馆. 中共中央文件选集：第11册. 北京：中共中央党校出版社，1986：616.
② 章伯锋，庄建平. 抗日战争：第2卷. 成都：四川大学出版社，1997：2371.

民的需要，培养出工农知识分子。各抗日根据地根据这一原则和精神，在农民教育中也运用"游击战术"，缩小"正规军"，把学校、教师、学生"化整为零"，利用各种机会和条件随时学习，且学习内容必须是能"活学活用"，最好是立竿见影的。正是这样分散的、灵活的学习方式，实用的、很快见效的学习内容，相比于不适应农村和农民的"正规"学校，更普遍地受到农民的欢迎，并收到了很好的效果。

（四）解放战争时期解放区的教育实践

伴随着中国人民解放军的节节向前推进，中国革命迎来了胜利的曙光，中国共产党即将由夺取政权的党，转变为执掌政权的党，党的工作重心开始由农村转到城市。在解放战争时期，随着解放区的扩大，新民主主义教育在改造新解放区的旧教育的同时得到发展。这一时期，各解放区继承和发扬了抗日战争时期的革命传统，继续坚持干部教育为主，同时举办中等教育，发展小学教育和群众业余教育，对新解放区的旧教育进行改造，废除旧教材中的反动内容，加强政治思想教育，改造教师的思想。中国共产党在坚持新民主主义方针的前提下，采取了"先维持，后改良"、逐步使干部教育正规化和制度化、对各级各类学校进行整顿和改造等一系列适应解放战争需要的教育方针和政策，顺利地实现了新民主主义教育由农村向城市的转变。

第一，"先维持，后改良"的教育方针。伴随着新的解放区的建立，各个解放区在进行政治、经济变革的同时，也开始了文化教育的变革。但是，文化具有很强的继承性，如何扫除旧有的文化和教育，成为摆在全党面前的重大课题：是将旧的文化和教育资源彻底打碎或抛弃，另起炉灶，建立全新的文化和教育体系，还是先将旧的文化和教育资源接管下来，采取维持的政策，在维持的同时，逐步加以改良，使之成为新民主主义的教育？显而易见，后一种方式付出的成本相对较低，有利于迅速建立起新民主主义教育格局。因此，随着全国解放的逐步实现，为了迅速稳定和恢复文化教育秩序，确立新民主主义教育格局，中国共产党对旧有的教育事业采取了"先维持，后改良"的方针。"每到一处，要保护学校及各种文化设备，不要损坏"①，保持校舍完好，保持教学设备不受损毁；而"所谓逐步地加以必要的和可能的改良，就是在开始时只做可以做到的事，例如取消反动的政治课、公民读本及国民党的训导制度，其余一概仍旧。教员中只去掉少数分子，其余一概争取继续工作"。

第二，干部教育逐步正规化和制度化。为了适应解放战争的迅速发展，迎接全国解放，需要大批管理城市、建设城市的干部，而各级各类人才的培养，都需要一定的时间和周期。1948年10月，《中共中央关于九月会议的通知》指出，"中国地方甚大，人口甚多，革命战争发展甚快，而我们的干部供应甚感不足，这是一个很大的困难"。为了完成为新解放区培养大批干部这一艰巨又紧迫的任务，中国共产党领导的各个解放区在抗日战争胜利后就开始创办大规模的干部学校。同时，各解放区对新时期干部教育进行了整顿，提出了新的政策和措施，在学校工作中组织开展马克思主义理论的学习，使解放区的干部教育逐步走向正规化和制度化。

第三，各级各类学校的整顿和改造。在中国共产党的领导下，解放战争后期，各个解放区都进行了教育改革，各级各类教育都为走向正规化采取了许多措施，通过对新老解放区各级各类学校

---

① 中央档案馆. 中共中央文件选集：第17册. 北京：中共中央党校出版社，1992：226.

和教育机构进行整顿和改造，基本完成了由战时教育向正规教育的转变，使之适应新中国建设的需要。在高等教育方面，一方面对解放区原有大学进行整顿和改造，使之正规化；另一方面，为了适应培养新中国建设人才的需要，创办新的大学，建立统一正规的高等教育制度。在中小学教育方面，制定统一的、正规的教育制度，提高教学质量，在重视政治思想教育的同时加强文化课的教学。除了对旧有的各级各类学校和教育机构进行整顿和改造之外，中国共产党还非常重视对教育者本身的改造，通过创办大量的"人民革命大学""军政大学"等抗大式训练班，逐批对知识青年进行短期政治教育，改造旧有知识分子和教育工作者。这些对教育制度的正规化建设，对文化课学习和政治思想教育的加强，为解放战争和新中国的建设培养了大批干部和中高级人才，也为新中国成立初期中国共产党对全国教育的改造和建设积累了宝贵经验。

（五）新民主主义文化教育的性质与特征

在新民主主义革命时期，整个革命根据地的教育完全是一种新型的教育，是以马克思列宁主义和毛泽东思想为指导的民族的、科学的、大众的新民主主义教育。1949年9月召开的中国人民政治协商会议第一次全体会议通过的《中国人民政治协商会议共同纲领》规定了"中华人民共和国的文化教育为新民主主义的，即民族的、科学的、大众的文化教育"。1949年12月，第一次全国教育工作会议明确指出，新中国教育要以老解放区新教育经验为基础，吸收旧教育某些有用的经验，特别要借鉴苏联教育建设的先进经验，建设新民主主义教育。

新民主主义教育是民族的。"它是反对帝国主义压迫，主张中华民族的尊严和独立的。它是我们这个民族的，带有我们民族的特性。"[1] 新民主主义教育反对帝国主义的侵略，坚持民族独立和自强，重视民族自己的文化遗产。

新民主主义教育是科学的。"它是反对一切封建思想和迷信思想，主张实事求是，主张客观真理，主张理论和实践一致的。"[2] 它坚持马克思主义唯物辩证法，用科学的知识教育学生。

新民主主义教育是大众的。"它应为全民族中百分之九十以上的工农劳苦民众服务，并逐渐成为他们的文化。"[3] 新民主主义教育为大众所享有，并成为大众革命的有力武器。

此外，新民主主义教育的实践还具备以下几个重要特征，体现出中国共产党领导的新民主主义教育与中国革命实践的结合。

第一，新民主主义教育是中国共产党领导的，它以马克思列宁主义为思想指导，重视革命教育。毛泽东为抗大制定的"坚定正确的政治方向，艰苦朴素的工作作风，灵活机动的战略战术"教育方针始终指导着根据地的教育。

第二，教育为现实斗争服务。无论是在苏区还是在抗日民主根据地，教育都为当时的革命总任务服务，为革命战争和抗日战争取得胜利而培养干部，因此当时非常重视政治教育、思想教育、干部教育。人们甚至一边打仗一边学习，形式多样，内容都结合了中国革命斗争的实际。

第三，教育与生产劳动相结合。根据地受到敌人的封锁，物质十分匮乏，只有靠生产自救，才能取得革命战争的胜利。因此，各级各类学校都参加生产劳动，边学习边生产，真正把教育与生

---

[1] 毛泽东.毛泽东选集：第2卷.2版.北京：人民出版社，1991：706.
[2] 同[1]707.
[3] 同[1]708.

产劳动紧密结合在一起。

第四，理论联系实际。根据地处于战争状态，不容许学校脱离实际，坐而论道，而是要把学习与应用相结合，联系中国革命的实际，解决中国革命的问题。特别是毛泽东于1930年发表的《反对本本主义》和1941年发表的《改造我们的学习》，使党内克服了教条主义和脱离实际的倾向，使根据地的教育与革命实际牢牢地联系在一起。

第五，根据地和解放区的教育以干部教育为主，学制以短期训练班为主，时间短，形式多样，机动灵活。

二、社会主义建设时期教育事业的恢复与探索

中华人民共和国的成立，结束了近代以来战争频仍、兵荒马乱、社会动荡的局面。进入和平建设时期后，中国共产党领导全国各族人民，在政治、经济、外交、文化、教育等各个方面都开始了新的探索与实践。

党和国家领导人十分重视教育。毛泽东指出，恢复和发展人民教育是当前的重要任务之一，"我们的教育方针，应该使受教育者在德育、智育、体育几方面都得到发展，成为有社会主义觉悟的有文化的劳动者"[①]。在毛泽东教育思想的指导下，教育事业逐步由新民主主义教育向社会主义教育过渡，开始了社会主义教育事业的恢复和探索。

（一）中华人民共和国成立初期的"全面学苏"

1949年9月召开的中国人民政治协商会议第一次全体会议通

---

① 毛泽东. 毛泽东文集：第7卷. 北京：人民出版社，1999：226.

过了《中国人民政治协商会议共同纲领》，确定了新中国的文化教育方针，为教育的恢复和探索指明了方向。中华人民共和国成立后，几乎所有西方国家在一开始都拒绝承认并孤立新中国，中国在政治上不得不采取"一边倒"的政策，只与苏联和东欧社会主义国家往来，而这种政治上的"一边倒"必然引起其他方面的连锁反应，在教育上即出现教育的"一边倒"——倒向苏联。苏联作为第一个社会主义国家，其最初的发展速度令人瞩目，发展模式也为中国提供了一个很好的学习样板。

在教育制度层面，1951年10月1日，中央人民政府政务院颁布《关于改革学制的决定》，确立了中华人民共和国的第一个学制，一直沿用至今。1952年6月至9月，中央人民政府大规模调整了全国高等学校的院系设置，把之前仿效英式、美式的高校体系改造成仿效苏联式的高校体系，减少综合性大学，增加专科性学院，目的在于迅速培养建设人才。

在教育内容层面，高校大量翻译苏联高等学校教材。在中华人民共和国成立之初的1952—1956年，共翻译出版了苏联高等学校教材1 393种[1]。在中小学，自然科学参照苏联教材编写教科书，取消初中外语课，高中外语课为俄语，只有少数高中保留英语课。

在教育理论层面，1949年以前在中国占统治地位的教育思想是英美教育思想流派，初期以赫尔巴特为代表，后以杜威为代表。中华人民共和国成立后，由于西方采取孤立中国的外交政策，中西方之间正常的文化、教育、科技交流亦中断，中国教育全面引进苏联教育理论，同时也开始对西方教育理论进行批判。

---

[1] 中央教育科学研究所. 中华人民共和国教育大事记：1949—1982. 北京：教育科学出版社，1983：68.

中国教育这次彻底、全面的学苏，虽然有一定弊端，但也是中华人民共和国成立之初教育对外开放、走向现代的开始。

（二）教育本土化的探索

中华人民共和国成立后全盘照搬苏联教育模式的情况没有持续太长时间，在斯大林去世之后，苏联发生的一系列事件，引起了中国对苏联教育经验的反思，此后我国在学习苏联的同时，也在探索自己的教育发展之路，开始强调中国教育的本土经验。从中华人民共和国成立到1966年"文化大革命"前的这17年，是新中国教育的开创时期，也是教育相对稳定发展的时期。

1. 对全面学习苏联教育的反思

1956年8月，在一次高等教育会议上，时任高教部部长杨秀峰指出，应"积累和总结本国经验，更密切地结合中国实际，认真地进一步学好苏联先进经验，同时也吸收其他国家对我们有用的东西"①。1957年，周恩来在一届全国人大四次会议上所做的政府工作报告中提道，"过去，教育部门在实行教育改革的时候，也发生过若干偏差，主要是否定了旧教育的某些合理的部分，对解放区革命教育的经验没有作出系统的总结，加以继承，并且在学习苏联经验的时候同我国实际结合不够"②。毛泽东则提出，教材要减轻，课程要减少，古典文学要减少。教材要有地方性，应当增加一些地方乡土教材。农业课本要本省编，讲点乡土文学，讲自然科学也是一样③。这表明中国共产党开始对机械照搬苏联教

---

① 中央教育科学研究所. 中华人民共和国教育大事记：1949—1982. 北京：教育科学出版社，1983：175.
② 同①200.
③ 同①191.

育的做法进行反思。在实践中，也有相应的修正，比如中学恢复英语课教学，并规定中学教英语和俄语的比例为 1∶1。在教育理论方面，中国开始对被国内教育界视为"马克思主义教育学"的凯洛夫的《教育学》一书进行批判，这是中国教育理论界独立思考的开始。这些做法表明，中国的教育开始重新审视自己的传统，重新审视外来的经验，开始了教育本土化和自身发展道路的探索。

此后，中国教育也有过本土化的尝试与努力，如"大跃进"时期的"教育革命"。配合国家建设过程中"多快好省"的目标，教育上也开始进行缩短学制和提高教育质量的改革，虽然是一次不成功的教育改革，但也是一次建立符合本国特点的新教育的尝试，显现出中国在发展过程中对教育现代化的迫切渴求。

2. "三句话"与"两个必须"的教育方针

1957 年 2 月至 1958 年 9 月，在一年半的时间里，党和政府相继提出了两个教育方针，这就是毛泽东的"三句话"与"两个必须"。

"三句话"指"我们的教育方针，应该使受教育者在德育、智育、体育几方面都得到发展，成为有社会主义觉悟的有文化的劳动者"[①]。1956 年 2 月，赫鲁晓夫在苏联共产党第二十次代表大会上对斯大林的错误进行批判和揭露；同年 6 月，波兰政府武力镇压工人游行，发生流血事件；10 月，匈牙利也爆发骚乱……国内国外的局势引发了党中央尤其是毛泽东对人民内部矛盾的重视。在当时的语境下，"三句话"的教育方针更多地指向政治需要和政治目的。"德育、智育、体育几方面都得到发展"的表述，来源于马克思主义人的全面发展学说，表明新教育以马克思主义教育思

---

① 毛泽东. 毛泽东文集：第 7 卷. 北京：人民出版社，1999：226.

想为其教育目的的理论基础。而教育方针最重要的关键词是"有社会主义觉悟"和"劳动者",它鲜明地标示出新中国教育的性质和培养目标,表明了教育的无产阶级性质,同时也反映了共产党执政初期努力提高工农教育水平的强烈愿望。

经过了1957年的反右派斗争,中国共产党对教育方针进行了重新表述,提出"两个必须",即"教育必须为无产阶级政治服务,教育必须与生产劳动相结合"。"两个必须"的提出与毛泽东和中共中央对当时中国社会的基本估计与判断有关。毛泽东认为,整个社会主义时期都存在着阶级和阶级斗争,教育战线一直存在着无产阶级与资产阶级的争夺,因此,教育应当成为无产阶级专政的工具。"文化大革命"结束后,教育理论界拨乱反正,开始反思这一时期的教育方针,在新的历史时期又对我国教育方针进行了重新定位和重新表述。

3. 面向工农的教育实践

1949年12月召开的第一次全国教育工作会议详细阐述了新中国教育的发展方向和历史定位。其要点是:第一,新教育是民族的、科学的、大众的教育,方法是理论与实际一致,目的是为人民服务,首先是为工农兵服务,为当前的革命斗争与建设服务。第二,建设新教育要以老解放区经验为基础,吸收旧教育的某些有用的经验,特别要借助苏联教育建设的先进经验。第三,教育必须为国家建设服务,学校必须为工农开门。第四,教育工作的发展方针是普及与提高相结合,在相当长的时间内以普及为主……着重为工农服务[①]。新教育旗帜鲜明,不同于以往任何时期的教育,其最大的特点就是坚定不移地面向工农,服务工农,工农具

---

① 中央教育科学研究所. 中华人民共和国教育大事记:1949—1982. 北京:教育科学出版社,1983:7-8.

有教育优先权，打开了工农通向教育的大门。在实践中，一方面，教育进行阶级转向，由精英教育（高等教育）转向服务于工人阶级及其同盟军农民阶级，剥夺和限制剥削阶级的受教育权利；同时，教育重新进行阶级定位，为工人阶级、贫下中农服务，为工人阶级的政权服务，为无产阶级专政服务。另一方面，农村实行普遍的初等教育，包括扫盲教育和正式以及业余的初等教育，从而最快、最大限度地提升农民及其子女的教育水平。中华人民共和国成立初期，工农大众在政治上得到翻身，同时也迫切期待在文化上翻身，急于迅速摆脱文化落后的状况，因此，在教育发展的需要和可能之间，往往更多考虑需要。总的来看，20世纪50年代教育事业以快速扩张为主，强调教育发展的速度和数量；60年代初则是强调教育发展的质量，强调教育发展的巩固和提高。在这一时期的教育政策和实践下，工人阶级、农民阶级的社会地位及教育水平得到了极大的提升。

4. 社会主义建设时期的教育发展成就

从总体上看，社会主义建设时期的教育探索取得了巨大的成就，也留下了深刻的教训。这一时期中国教育取得的巨大成就可以简单概括为以下几点：

第一，中国社会主义的现代教育制度初步确立，正规的大、中、小学教育，以及职业教育、业余教育、学前教育、青少年校外教育、扫盲教育等都得到了较大的发展。以扫盲教育为例，以1956年3月29日中共中央、国务院发布的《关于扫除文盲的决定》为代表，中国共产党和人民政府采取了各种措施在广大工人、农民中开展扫盲教育。结合工人、农民生活实际，通过夜校、速成识字班、读报组、冬学、田间地头小黑板识字等灵活多样的途径开展扫盲教育。扫盲教育成效显著，根据国家统计局数据，

1949—1965 年的十多年间,共有近 1 亿青壮年文盲脱盲,文盲率迅速下降至 38.1%(见图 2-1)。

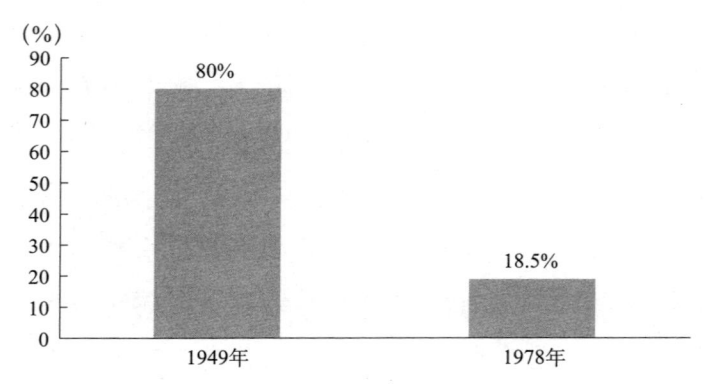

图 2-1　1949 年、1978 年的文盲率

经过 30 年的艰苦努力,我国初步建立了比较完善的社会主义教育体系和教育制度,教育事业各个方面取得了显著成就。国家统计局数据显示,仅 1949—1958 年的十年间,就有 1 600 万妇女脱离文盲,女童入学率和妇女识字率都大幅提高。基本普及了小学教育,小学学龄儿童净入学率由 1952 年的 49.2% 增长到 1978 年的 94%(见图 2-2)。中等教育和高等教育也得到了较快的恢复和发展。1949 年高等教育的在校人数为 11.7 万,1978 年增长到 228 万,增长了近 20 倍;高等教育毛入学率由 1949 年的 1.56% 增长到 1978 年的 2.7%(见图 2-3)。教育经费大幅增长,由 1952 年的 8.95 亿元增长到 1978 年的 65.6 亿元,教育经费占国内生产总值(GDP)的比例由 1952 年的 1.32% 增长到 1978 年的 1.78%(见图 2-4)。

第二,确立了中国社会主义教育的方向,在中国教育史上第一次旗帜鲜明地面向工农大众,极大地增加了工农大众受教育的机会,提升了其受教育的水平,这在中国教育史上是前所未有的。

中国共产党始终坚持扎根中国大地办教育

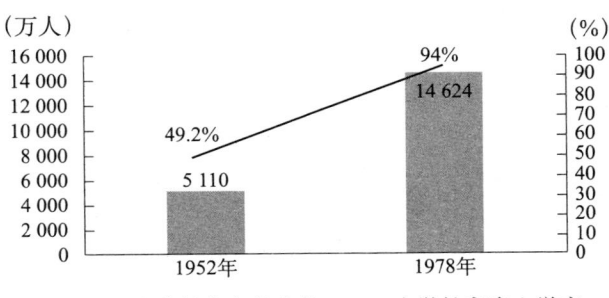

图 2-2 1952 年、1978 年小学教育在校人数与净入学率

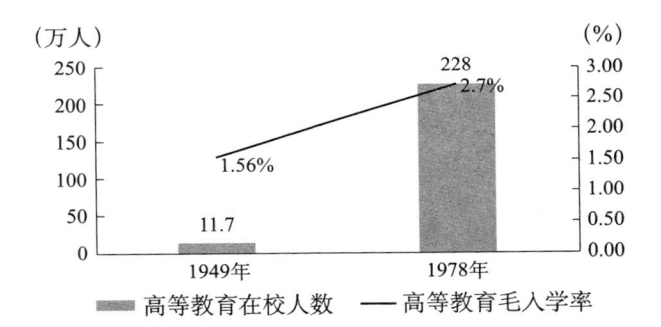

图 2-3 1949 年、1978 年高等教育在校人数与毛入学率

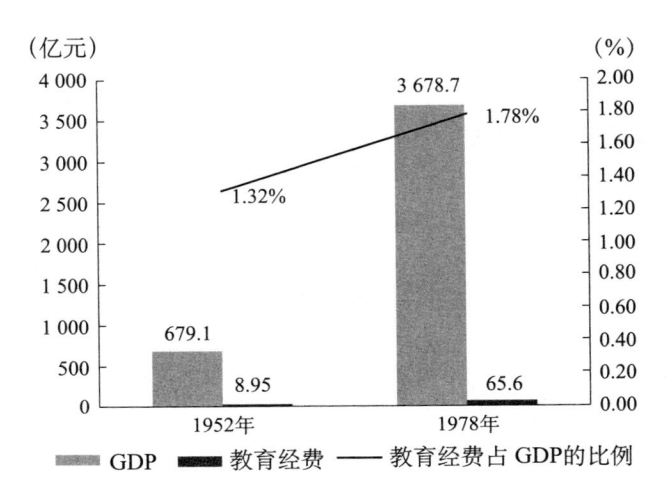

图 2-4 1952 年、1978 年教育经费占 GDP 的比例

第三，确定了中国社会主义教育的阶级性质和目的，同时也确立了社会主义教育的培养目标——培养德、智、体等方面全面发展的人。

第四，培养了大批社会主义建设人才和科技文化精英，为改革开放后中国社会现代化的发展奠定了人才基础。

5. "文化大革命"时期中国教育现代化进程的断裂

"两个必须"的教育方针提出之后，随着当时的意识形态中出现了越来越"左"的倾向，对教育的基本估计和判断也严重偏离实际。在教育领域表现为"以阶级斗争为纲"，过分突出教育的"无产阶级专政"功能，过分强调教育的阶级性和政治性，以及进行错误的学术批判等。从1966年5月北京大学校内贴出第一张大字报开始，到1976年10月打倒"四人帮"，为"文化大革命"时期。《中国共产党中央委员会关于建国以来党的若干历史问题的决议》指出，"'文化大革命'是一场由领导者错误发动，被反革命集团利用，给党、国家和各族人民带来严重灾难的内乱"。"文化大革命"给中国教育带来了深重的灾难，使教育陷于停滞、倒退，教育质量一落千丈，对中国教育造成的破坏之大、灾难之深，史无前例。中国教育现代化进程出现了断裂。

三、中国特色社会主义教育的改革与发展

（一）1978—1993：教育的恢复与发展

"文化大革命"结束以后，邓小平等老一辈领导人、革命家倡导恢复党的实事求是的思想路线，开始恢复和探索国家各项事业的发展。教育领域进行了拨乱反正，批判"两个估计"，推翻"两

个凡是",倡导尊重知识、尊重人才,教育事业逐步得到恢复和发展。在邓小平理论的指导下,教育优先发展的思想逐步形成,具有中国特色的社会主义教育发展道路的指导方针得以确立,我国的教育事业得到全面恢复和发展。

在教育发展的历史性转折初期,思想领域仍然受到"两个估计"等"文化大革命"时期错误判断的影响。在这一时期,教育领域中的主要工作是进行拨乱反正,批判和否定"两个估计",澄清教育本质等相关理论,确立尊重知识、尊重人才的理念,恢复和发展教育事业。同时,"文化大革命"给我国的教育事业造成了严重破坏,教育事业的恢复与整顿是"文化大革命"后急需着手的工作。面对当时的情况,党和国家推出了一系列复兴教育的重大举措,包括恢复高考招生制度、恢复和发展学校正常教学工作、恢复和提高中小学师资队伍等,使教育事业得到迅速恢复和发展。

"文化大革命"结束后,教育观念的一个重要转变是不再把教育当作阶级斗争的工具,开始注重教育的经济和育人功能。从世界发展新趋势和当时国情出发,这一时期的教育工作方针在《中共中央关于教育体制改革的决定》(1985年)中被表述为:"教育必须为社会主义建设服务,社会主义建设必须依靠教育。""社会主义现代化建设的宏伟任务,要求我们不但必须放手使用和努力提高现有的人才,而且必须极大地提高全党对教育工作的认识,面向现代化、面向世界、面向未来,为九十年代以至下世纪初叶我国经济和社会的发展,大规模地准备新的能够坚持社会主义方向的各级各类合格人才。""所有这些人才,都应该有理想、有道德、有文化、有纪律,热爱社会主义祖国和社会主义事业,具有为国家富强和人民富裕而艰苦奋斗的献身精神,都应该不断追求新知,具有实事求是、独立思考、勇于创造的科学精神。"简单来说,就是"两个必须"、"三个面向"和"四有"。

在这一时期,教育的恢复和发展主要表现在以下几个方面:

第一,教育体制改革的推进。1978年党的十一届三中全会后,我国的各项事业都迎来了崭新的发展时期,教育事业也进入了全新的历史时期。在教育发展过程中,原有的教育体制中不适应社会发展需要的弊端日益显露出来。我国长期在全面计划经济和封闭状况下存在的集中过多、统得过死、包得过多的教育管理体制已不能适应社会发展的需要;原来已存在的基础教育薄弱,职业教育比重过小、发展缓慢,高等教育层次不完整、系科比例不当等问题更加突出①。随着经济体制改革的深入,教育体制与经济体制改革不适应的矛盾日益突出,教育体制改革迫在眉睫。1984年,党的十二届三中全会通过的《中共中央关于经济体制改革的决定》强调,科学技术和教育对国民经济的发展有极其重要的作用。随着经济体制的改革,科技体制和教育体制的改革越来越成为迫切需要解决的战略性任务。1984年10月,中共中央将教育体制改革的问题列入全党的议事日程上来。

第二,学前教育的重建。1977年以后,特别是党的十一届三中全会以后,我国出台了一系列有关学前教育发展的通知、意见、法规等政策文件,逐渐恢复并发展我国的学前教育事业。这些政策主要集中在学前教师、办学体制和课程改革几个方面。随后,1988年8月5日,国家教委、国家计委、财政部、人事部、劳动部、建设部、卫生部、物价局颁发的《关于加强幼儿教育工作的意见》指出:"幼儿教育事业具有地方性和群众性。发展这项事业

---

① 高奇.中国教育史研究·现代分卷.上海:华东师范大学出版社,2009:364.

不可能也不应该由国家包起来，要依靠国家、集体和公民个人一起来办。"① "动员和依靠社会各方面力量，通过多种渠道、多种形式发展幼儿教育事业。"②

第三，义务教育引导下的中小学教育。自改革开放以来，党和国家始终将基础教育放在优先发展的位置。党和国家以法律为基础，不断完善基础教育的政策保障体系。根据我国发展中国家的特殊国情，各地相关的教育行政机关也制定了一系列有关普及教育的法律法规，使基础教育纳入法律的轨道。全国各地的中小学也陆续开展了学校内部管理体制改革，以校内人事、分配制度为改革的突破口，全面实行校长负责制、教职工聘任制、岗位责任制以及结构工资制等。此外，为保证教育质量，从1979年秋季开始，实行小学升初中的升学考试，并开始试行小学升留级制度。

第四，高等教育制度的恢复与发展。1977年10月12日，国务院批转了教育部根据邓小平指示制定的《关于1977年高等学校招生工作的意见》，该意见规定高等学校废除推荐制度，恢复文化考试，择优录取。1985年5月颁布的《中共中央关于教育体制改革的决定》，确定了高等学校以扩大办学自主权、实行校长负责制为主要内容的教育体制改革。

第五，教育对外开放的开启。打开国门，进行国际教育学习与交流，构建教育对外开放的畅通渠道，是新时期党和国家领导人关注的重要问题。1978年12月26日，中国改革开放后的第一批留学人员——52名国家公派访问学者搭飞机离京赴美，揭开了新时期出国留学教育的序幕。随后，赴英、日、德、法等西方发达国家的中国留学生陆续踏上求学征程，出国留学形成浪潮。

---

①② 中国学前教育研究会. 中华人民共和国幼儿教育重要文献汇编. 北京：北京师范大学出版社，1999：274.

1992年，国务院办公厅发出《关于在外留学人员有关问题的通知》，指出所有在外学习的人员，不论他们过去的政治态度如何，都欢迎他们回来。初步形成了"支持留学，鼓励回国，来去自由"的新时期留学工作总方针。

第六，产学研结合办学模式的探索。1985年颁布的《中共中央关于科学技术体制改革的决定》提出："要鼓励中国科学院、高等学校和各部委、地方所属从事技术开发的研究机构，根据自愿互利的原则，同企业设计机构建立各种形式的联合。有的可以逐步发展成为经济实体；有的可以在联合的基础上进而合并，企业并入研究机构，或者研究机构并入企业。有些研究机构也可以自行发展成为科研生产型的企业，或者成为中小企业联合的技术开发机构。"这标志着我国为地方经济建设服务进入了一个新的里程碑。1989年1月15日，《国务院批转国家教委等部门〈关于深化改革鼓励教育科研卫生单位增加社会服务意见〉的通知》指出："教育、科研、卫生事业单位……必须通过深化改革，从政策、制度上采取措施，调动他们的积极性和创造性，正确引导和鼓励他们以多种形式增加社会服务，为社会主义建设多作贡献。特别要鼓励科技人员到工农业生产第一线，直接为经济建设服务。"1990年12月，国家教委、国家科委联合在北京召开全国高等学校科学技术工作会议，提出高校科技工作是我国科技工作十分重要的组成部分，要把建设国家重点实验室、承担重大科技攻关项目与培养人才密切结合起来。1991年底，由国务院生产办提议，经国家经委、国家教委和中国科学院批准，开始了"产学研联合开发工程"，宗旨是构建国营大中型工业企业与高等院校、科研院所之间密切而稳定的交流与合作平台，逐步形成产学研共同发展的运行机制，探索一条适合中国国情的科技与经济密切结合的道路，加速科技成果转化，不断增强大中型企业的市场竞争能力，振兴我国经济。工程的实施是通过企业、高校和研究所三方联合申报项目的办法进行。仅1年时间，即1992年，各地推荐的项目超过500个，经国家产学研协调办公室调整和遴选，最后列入计划的有123个，其中企业与高校合作的有86个，占约70%。入选项目大多是高新技术成果在企业中的转化，或利用高新技术改造传统产业。在国家安排的合作项目的带领下，各地也相继安排了一批推动产学研结合的合作项目，形成了全国范围内产学研结合的又一次高潮[①]。1991年8月下发的《国务院批转国家教委、国家科委关于加强高等学校科学技术工作的意见》要求："广泛动员高等学校科学技术力量，积极投入为国民经济服务的主战场。""有条件的学校要扬长分流，组织部分人员，积极而又有选择地自行创办或与国内外企业联办科技企业"。在这些文件、精神的鼓励和影响下，许多高校开始创办校办产业。20世纪90年代，邓小平南方谈话后，我国迈出了经济体制改革的重大步伐，培养高素质创新型人才、高校科技成果转化和高新技术产业化等问题应运而生，"服务社会""培养人才""科学研究"成为高校的三大功能，产学研结合办学模式在实践中不断深入。

第七，扫盲教育的发展。我国教育基础薄弱，扫盲教育一直是国家教育关注的重要内容。在新时期，我国不断采取相关政策，推进"扫盲"运动的进行。在多方努力下，我国的扫盲工作取得了重大成效。1979年，全国农村12~45岁的青壮年中有文盲约1.2亿，约占同龄人口总数的30%；1981年，全国农村12~40岁的青壮年文盲的比例下降到25%[②]。1990年我国第四次人口普

[①] 陈解放．"产学研结合"与"工学结合"解读．中国高教研究，2006（12）：34-36.
[②] 中国教育年鉴：1949—1981．北京：中国大百科全书出版社，1984：596.

查表明，我国有 15 周岁以上的文盲 1.8 亿，占同龄人口的比例是 22.27%，与 1982 年第三次人口普查相比，文盲总数减少 4 993 万，年均减少 600 多万，文盲率下降了 12.22 个百分点[①]。

（二）1993—2000：教育道路的继续探索

1992 年邓小平南方谈话以后，中国的经济改革和经济运行进入了一个新的阶段，市场机制不断完善，生产力水平不断提高，人民生活日益富裕。教育事业的发展受国家政治、经济、文化、人口等因素的制约。中国特色社会主义事业的发展是国家在特定历史时期、在改革开放的现实条件下开展的一项革命实践，其中教育事业的发展也实现了革命性的变革。自 1985 年《中共中央关于教育体制改革的决定》颁布后，历经 15 年的自主探索，在世纪之交，我国实现了基本普及九年义务教育、基本扫除青壮年文盲等一系列看似无法完成的任务，为 21 世纪中国特色社会主义教育发展建立了基本的框架体系。作为发展中国家，我国是拥有 13 亿人口的大国，教育事业面临巨大的压力；1991 年，中国人均 GDP 是 1 903 元，至 2000 年增长为 7 902 元，历经近十年的社会主义市场经济建设，人均 GDP 增长 4.15 倍，为教育发展提供了有力的物质条件保障，但与同期发达国家 8 000 美元左右的标准相比还差得很远。

这一时期中国教育的发展主要存在以下几个方面的问题：

第一，基础教育滞后。西方主要发达国家在 19 世纪推行义务教育，到 20 世纪上半叶基本实现了九年义务教育。我国于 1986 年首次颁布义务教育法，起步晚，人口基数大，保障有限，受各

---

① 余博. 农村成人教育干部必读. 北京：气象出版社，1993：86.

种条件制约，普及程度及质量都有待提高，人均受教育年限仅有8年左右。而且，高等教育资源的有限性与人才选拔的特殊性导致基础教育考试竞争、片面追求升学率，基础教育的全面性和全体性特质受到极大影响与冲击。

第二，教育投入明显不足。为实施科教兴国战略，1993—2000年，教育经费投入持续增长。全国教育经费投入总量为202 349 713万元，年均增长20.48%。国家财政性教育经费投入总量为145 992 553万元，年均增长17.02%；其中预算内投入总量为111 321 723万元，年均增长18.44%；而同期国家财政年均增长18.34%。数据显示，此间教育投入并未达到1995年教育法规定的"各级人民政府教育财政拨款的增长应当高于财政经常性收入的增长"这一基本要求。统计显示，1993—2000年，我国国家财政性教育经费占GDP的比重较低（见表2-1），处于不发达国家的水平。此外，1994年实行的分税制改革对于省级以下政府职能界定不够明确，加之中央转移支付制度的不足，导致基层公益性事业发展困难，特别是农村义务教育资金严重短缺。

表2-1 1993—2000年我国国家财政性教育经费占GDP的比重

年份	国家财政性教育经费（亿元）	国家财政性教育经费占GDP的比重（%）
1993	867.76	2.51
1994	1 174.74	2.51
1995	1 411.52	2.41
1996	1 671.70	2.46
1997	1 862.54	2.50
1998	2 032.45	2.59
1999	2 287.18	2.79
2000	2 562.61	2.86

第三，教育体制亟待改革。1985年颁布的《中共中央关于教育体制改革的决定》指出，我国教育事业在教育管理、教育结构、

教育思想、教育内容、教育方法等方面存在问题。在教育事业管理权限的划分上，政府有关部门对学校主要是对高等学校管得过死，使学校缺乏应有的活力。政府作为单一办学主体，垄断了各级各类教育的办学权。在教育结构上，基础教育薄弱，学校数量不足、质量不高、合格的师资和必要的设备严重缺乏；高中阶段教育结构过分单一，教师队伍学历、待遇偏低；经济建设大量急需的职业和技术教育没有得到应有的发展；高等教育内部的科系、层次比例失调。在这种状况下，亟待进行教育体制改革。

第四，在国际环境上，20世纪90年代的中国面临政治、经济和科学技术革命的挑战。首先，经济全球化使中国面临全球竞争的巨大压力。作为新兴市场化国家，中国受经济自由化冲击的风险加大。与发达国家相比，中国处于明显劣势。规则冲突日益突出，国际经济民主化与平等化的斗争日趋激烈，国家经济主权面临的转移性压力逐渐增强，国家之间的利益冲突已经经常化和普遍化。其次，当代科学技术发展突飞猛进，改变着世界的历史进程与全人类的文明面貌，在推动世界经济持续增长与全面发展的同时，也深刻地影响与推动世界政治现代化的变革进程，主权与国土的完整在很大程度上要取决于国家的科技水平。与此同时，20世纪90年代的中国也经历着各种社会思潮的冲击与挑战，世界性文化与民族性文化、现代文化与宗教文化的冲突与整合考验着中国的政治智慧。

面对这些问题与挑战，中国共产党提出了科教兴国战略，主张科学技术是第一生产力，科技进步是经济发展的决定性因素，提出要充分估量未来科学技术特别是高科技发展对综合国力、社会经济结构和人民生活的巨大影响，把加速科技进步放在经济社会发展的关键地位，使经济建设真正转到依靠科技进步和提高劳动者素质的轨道上来。在教育财政投入方面，中央和地方各级政府逐步增加对教育的投入，并逐步完善多渠道筹措教育资金的体制。在教育制度上，继续深化教育体制改革，全面推进素质教育，教育管理由高度集权到逐步放权，办学体制由僵化单一走向多元化，教育结构由不合理到逐渐完善，进一步发展中等职业教育，极大地推动了我国教育事业的发展。

（三）2000—2012：走向教育科学发展

世纪之交，机遇与挑战并存，中国教育继续开拓前进的道路。在取得辉煌成就的过程中，中国教育也积累和滋生了不少问题：基础教育整体水平还不高，初中辍学率居高不下，城乡之间教育发展不平衡，乡村地区教育发展异常艰难……改革和发展的任务仍十分艰巨。站在新世纪的门槛上，中国教育面临诸多选择：是继续重视普及还是追求提高？是重视规模还是提升质量？是注重"效率优先、兼顾公平"还是"重点关注公平"？是效率优先式的"重点发展"还是以公平为价值取向的"均衡发展"？改革道路该如何走下去？如何推进充满生机活力的有中国特色的社会主义教育体系建设？……中国人民又开始了一段新的探索历程。在构建社会主义和谐社会和全面建设小康社会的目标指引下，中国进入全面开创有中国特色社会主义教育事业新局面的时期，开启了迈向人力资源强国的新征程。这一时期，中国共产党在科学发展观的指导下，构建学习型社会，打造人力资源强国。"教育践行科学发展观，就是用科学的态度和方法解决教育实践中出现的各种问题和矛盾，促进人、教育、社会的有机结合，通过教育组织的日益完善、教育活动的不断丰富以及教育质量的不断提高，完成其作为人力资源的有效开发工具和人全面发展主要载体的使命。"① "秉承科学发展观,我们对教育的科学发展可以从总体上理解为:坚持以人为本的教育发展,实现全面、协调、可持续的教育发展,通过教育发展更好地促进经济社会和人的全面发展。"②

在这一时期的教育实践中,中国共产党主要从以下几个方面解决中国的教育问题:

第一,积极发展学前教育。面对学前教育阶段的种种新问题,如变卖公办、集体办园的问题,中小学布局调整带来学前班和幼儿园数量减少的问题,责任不明、部门职责交错、体制不顺的问题,以及老问题如农村幼儿教师的待遇问题,管理力量薄弱问题,忽视教师培训问题,教育经费分配不均衡的问题,等等,我国颁布了《幼儿园教育指导纲要(试行)》,指导幼儿园深入实施素质教育;制定了《中国儿童发展纲要(2001—2010年)》,促进儿童身心健康发展;发布了《关于幼儿教育改革与发展的指导意见》,明确新世纪学前教育发展目标;下达了《中小学幼儿园幼儿安全管理办法》及多则通知,关注幼儿生命安全问题;发布了《国务院关于当前发展学前教育的若干意见》,实施学前教育三年行动计划。

第二,推进义务教育均衡发展。从1986年颁布《中华人民共和国义务教育法》到2000年宣布完成普及义务教育,我国用了15年的时间实现"两基"③目标,但也留下了一些遗憾和不足。我国经济文化落后,人口众多,地区发展极不平衡,全国义务教

---

① 智学,王金霞. 科学的教育政策:教育践行科学发展观的支柱. 教育研究,2004(9):55-59.

② 张乐天. 论科学发展观与教育政策的创新. 南京师大学报(社会科学版),2005(3):63-67.

③ "两基"是基本实施九年义务教育和基本扫除青壮年文盲的简称。

育的发展环境和运行条件差别悬殊。资源配置不均导致的义务教育发展不均衡问题,此阶段已上升为义务教育面临的突出问题。"我国义务教育发展不均衡主要表现在:群体间受教育机会不均等,区域之间、城乡之间、学校之间教育资源配置不均衡,各地义务教育发展的起点、基础和过程都很不相同。"[1] 对此,我国发布《关于进一步推进义务教育均衡发展的若干意见》,将推进义务教育均衡发展摆在重要位置;修订了《义务教育法》,第一次以国家法律的形式提出"义务教育均衡发展"的思想;出台了一系列弱势补偿政策,保障社会弱势群体的受教育权。

第三,实施基础教育新课程改革。改革开放以来,中国基础教育取得了辉煌的成就,基础教育课程建设也取得了显著成绩。但是,基础教育总体水平还不高,原有的基础教育课程已不能完全适应时代发展的需要。面对我国未来经济建设和文化建设快速发展对人才培养质量规格的新要求、新变化,为了迎接21世纪信息化社会、知识经济时代的挑战,贯彻《中共中央国务院关于深化教育改革,全面推进素质教育的决定》(1999年)和《国务院关于基础教育改革与发展的决定》(2001年)的精神,中国启动了新一轮基础教育课程改革。基础教育课程改革涉及课程改革目标、课程结构、课程标准、课程内容、教学过程、课程评价、教材开发与管理、课程管理、教师的培养和培训、课程改革的组织与实施等方面,旨在促进每个学生全面而有个性地发展。

第四,义务教育全面免费。实行全民免费义务教育始终是教育界孜孜以求的目标,但由于制度、国力、财力等多方面的限制,始终难以完全实现。2008年8月,《国务院关于做好免除城市义

---

[1] 翟博. 均衡发展:我国义务教育发展的战略选择. 教育研究,2010(1):3-8.

务教育阶段学生学杂费工作的通知》规定："从2008年秋季学期开始，全部免除城市义务教育阶段公办学校学生学杂费。在接受政府委托、承担义务教育任务的民办学校就读的学生，按照当地公办学校免除学杂费标准，享受补助。""人人都有书读"在全国城乡范围内将得到最广泛的实现，"失学儿童"在中国有望成为历史名词①。

第五，高等教育内涵式发展。从20世纪90年代中期开始，通过实施高校扩招等一系列政策措施，我国高等教育向大众化方向不断迈进，并加强本科教学评估、教师培训、校园文化建设等，多方位促进高等教育内涵式发展。同时，高等教育也面临许多矛盾和问题，如高等教育质量还不能完全适应经济社会发展的需要，高校教育观念、人才培养方式、教学内容和方法需要进一步转变，高校教师队伍水平亟待提高，高等教育投入增长跟不上规模发展，部分高校办学条件不足，高校毕业生就业面临较大压力，等等。2006年5月10日，温家宝总理主持召开国务院第135次常务会时强调，高等教育的发展要全面贯彻落实科学发展观，切实把重点放在提高质量上。会议强调，根据当前高校的实际情况，有必要适当控制招生增长幅度，相对稳定招生规模，这样做，有利于集中必要的财力，改善办学条件，优化育人环境；有利于集中精力，加快学科专业结构调整，深化人才培养方式改革；有利于逐步解决当前高校存在的矛盾和问题，特别是缓解高校毕业生就业的压力，从而实现高等教育的可持续发展。高校招生规模的确定，要从实际出发，因地制宜，区别对待，不搞一刀切。在稳定高校招生规模的同时，要加强对应届高中毕业生的毕业教育和就业前的

---

① 王炳照. 中国教育改革30年·基础教育卷. 北京：北京师范大学出版社，2009：65-66.

职业技能培训；要大力发展中等职业教育、各种形式的成人和继续教育，为国民提供多样化的接受高等教育的机会；要严格规范高校办学行为，坚决制止"乱收费"，对办学条件达不到国家规定要求的要限期整改。

第六，加快发展职业教育。针对民族职业教育还不能适应民族地区经济社会发展的需要，与东部发达地区相比差距还很大，2000年7月28日，国家民委和教育部联合发出《关于加快少数民族和民族地区职业教育改革和发展的意见》，强调要充分认识职业教育在民族地区经济社会发展中的战略地位和作用，一切从实际出发，因地制宜，积极探索适应少数民族和民族地区发展需要的职业教育办学路子，并提出要进一步制定、完善及发展少数民族和民族地区职业教育的有关政策和措施，如推进招生制度、职业教育证书制度和毕业生就业制度的改革，积极推进劳动预备制度和就业准入制度，加强民族地区职业教育师资队伍和管理干部队伍建设。要根据少数民族和民族地区的实际，加强专业结构、课程结构的调整，制定并实施中等职业教育课程改革和教材建设规划。要制定优惠的政策，吸引和留住更多高水平的教师从事职业教育的教学和管理工作。要针对民族地区的经济类型、经济结构的现实需求及语言环境，组织并指导开设、编写具有当地特色的职业教育课程和相应的教材。要积极开展与东部发达地区间多层次、多形式的职业教育交流与合作，促进经济扶贫与智力扶贫更有效地结合起来。要进一步加大现有的省区之间职业教育对口支援的力度。针对新时期职业教育发展不平衡，投入不足，办学条件比较差，办学机制以及人才培养的规模、结构、质量还不能适应经济社会发展的需要，2005年10月28日，《国务院关于大力发展职业教育的决定》印发，明确了今后一段时间内职业教育改革与发展的指导思想、目标任务和政策措施,助力发展中国特色的职业教育。

第七,实行免费师范生政策。为了促进教育发展和教育公平,2007年5月9日,《教育部直属师范大学师范生免费教育实施办法(试行)》发布实施,确定从2007年秋季入学的新生起,在北京师范大学、华东师范大学、东北师范大学、华中师范大学、陕西师范大学和西南大学六所教育部直属师范大学实行师范生免费教育。

第八,扩大教育对外开放。随着我国加入WTO,我国的教育国际交流与合作面临着一系列新的课题、新的挑战。许多不合时宜的思想和观念妨碍着这项工作的进一步发展,需要我们在实际工作中不断探求新的发展思路、开拓新的局面,把中国教育的发展融入世界教育发展的潮流中去[1]。通过逐步扩大出国留学和来华留学规模、设立"孔子学院"、鼓励中外合作办学等方式,我国教育的对外交流合作进一步加强。

第九,实行"以县为主"的管理体制[2]。中国作为一个农业大国,有80%的人口在农村,农村义务教育实施情况直接影响整个国家基础教育的质量。世纪之交,农村经济发展和农民收入增长缓慢,1997年后,农民收入增幅连续4年下滑,2000年增长幅度降至3%左右,而农民购买力占全国比重由20世纪80年代中期的53%以上下滑到38%[3]。"三农问题"突出,农村义务教育发展遇到了前所未有的困难和挑战。面对新的形势,以实施素质教

---

[1] 曹国兴.加大教育对外开放力度 为全面建设小康社会服务.中国教育报,2002-12-18.
[2] 王炳照.中国教育改革30年·基础教育卷.北京:北京师范大学出版社,2009:33-42.
[3] 魏向赤.农村义务教育管理体制面临挑战//2002/2003中国基础教育发展研究报告.北京:教育科学出版社,2003:139.

育为目标，优化资源配置，"以乡为主"的基础教育管理体制亟须调整。2001年6月，国务院专门召开基础教育工作会议，颁布了《国务院关于基础教育改革与发展的决定》，规定农村义务教育"实行在国务院领导下，由地方政府负责、分级管理、以县为主的体制"。国家对义务教育投入的不断加大、义务教育经费保障体制的建立和"以县为主，财政分级分担"机制的逐步形成，为新时期基础教育的健康发展奠定了坚实的基础。

第十，保障农村义务教育经费。在实践中，"以县为主"的财政投入根本无法满足农村义务教育的实际需要，义务教育仍然是以基层政府为投资主体，虽然中央政府加大了对农村义务教育的专项转移支付，但是这种专项转移支付只是针对中西部地区的贫困县，且投资比例较低，农村义务教育的受惠面较窄。另外，世纪之初的"税费改革"也加重了农村义务教育的运行困难，使农村义务教育的发展举步维艰。为了切实减轻农民负担，规范农村税费制度，从根本上治理农村的各种乱收费现象，保护农民利益，全国陆续展开税费改革。为了保障农村义务教育经费按时足额到位，国家还规范了中央的专项转移支付制度。2006年4月，财政部、教育部联合印发了《农村义务教育经费保障机制改革中央专项资金支付管理暂行办法》，规定中央财政负担的免费教科书资金、免杂费补助资金、公用经费补助资金、校舍维修改造资金等中央专项资金纳入国库集中支付管理。

（四）2012—2021：新时代中国特色社会主义教育的新发展

2010年7月13日至14日，21世纪以来第一次全国教育工作会议召开后，中共中央、国务院印发了《国家中长期教育改革和发展规划纲要（2010—2020年）》，为中国下一个十年教育改革与发展描绘了宏伟蓝图，中国特色社会主义教育发展道路的方向更加明晰。2013年，中国共产党第十八届中央委员会第三次全体会议通过的《中共中央关于全面深化改革若干重大问题的决定》将深化教育领域综合改革作为工作重点；2014年，中国共产党第十八届中央委员会第四次全体会议通过了《中共中央关于全面推进依法治国若干重大问题的决定》，在全面推进社会主义法治建设的大背景下，积极推进依法办学、依法治教；2015年，中国共产党第十八届中央委员会第五次全体会议通过的《中共中央关于制定国民经济和社会发展第十三个五年规划的建议》，为夺取全面小康的最后胜利，对包括教育在内的各项事业进行了规划。所有这些国家政策，都将推动着我国教育事业又好又快地发展。党的十九大对中国发展的历史方位做出了一个全新的重大的判断，就是中国特色社会主义进入了新时代。习近平总书记在党的十九大报告中总结过去五年工作时明确指出，"教育事业全面发展，中西部和农村教育明显加强"。一个"全面发展"，一个"明显加强"，意蕴深远，都体现出我们对中国特色社会主义教育自信不断增强。

  在新时代，基于我国的教育发展状况与存在的问题，我国也制定了一系列教育领域的决策，进行了一系列实践，可以概括为以下若干方面：

  第一，健全法律法规，全面推进依法治教。要更好地推进国家治理体系和治理能力现代化，当务之急就是要突出强调法律制度的稳定、规范和先导作用，在法律体系更加完善的基础上开展各项具体工作。简言之，就是要做到"法律先行"，以健全法制为可靠保障，加快推进教育现代化。在教育领域也要明确树立全面依法治教的工作目标与系统的工作要求。要以依法治国提出的总体要求为纲，结合教育实践，出台配套文件；结合实际，提出依法治教的目标与任务。要加快健全教育法律和制度体系,以法治思维和法治方式深入推进教育领域综合改革。

第二,深化教育领域综合改革。为了进一步促进教育公平,提高教育质量,党的十八届三中全会通过的《中共中央关于全面深化改革若干重大问题的决定》指出要深化教育领域改革,具体的改革措施包括考试招生制度改革、深入推进管办评互相分离、完善随迁子女在当地参加高考的相关办法等。

第三,办好"普惠""健康"的学前教育。学前教育是新时期中国教育发展最快的一个部分,也是当前中国教育最大的短板之一。为贯彻落实党的十七届五中全会、全国教育工作会议精神和《国家中长期教育改革和发展规划纲要(2010—2020年)》,积极发展学前教育,着力解决当前存在的"入园难"问题,满足适龄儿童入园需求,促进学前教育事业科学发展,2010年11月21日,国务院发布了《国务院关于当前发展学前教育的若干意见》,明确要求各省(区、市)以地方政府为责任主体,实施学前教育三年行动计划。

第四,统筹城乡义务教育一体化发展。2016年5月20日,中央全面深化改革领导小组第二十四次会议审议通过了《关于统筹推进城乡义务教育一体化改革发展的若干意见》。此次会议指出,要加大对乡村特别是老少边穷等地区义务教育扶持力度,让乡村地区的孩子们都有机会接受公平、有质量的义务教育。

第五,普及高中阶段教育。高中阶段教育是国民教育体系的重要环节,肩负着为各类人才成长奠基、培养高素质技术技能型人才的使命。为进一步提升国民整体素质、劳动力竞争能力,建设人力资源强国,要打好普及高中阶段教育攻坚战,促进高中阶段教育多样化、特色发展,办出水平,不仅重视普及普通高中教育，也注重发展现代化职业教育。

第六，统筹推进世界一流大学和一流学科建设。为了高举中国特色社会主义伟大旗帜，以邓小平理论、"三个代表"重要思想、科学发展观为指导，认真落实党的十八大和十八届二中、三中、四中全会精神，深入贯彻习近平总书记系列重要讲话精神，按照"四个全面"战略布局，坚持以中国特色、世界一流为核心，加快建成一批世界一流大学和一流学科，提升我国高等教育综合实力和国际竞争力，党中央、国务院于2015年10月24日发布《统筹推进世界一流大学和一流学科建设总体方案》。

第七，加快发展民族教育。民族教育一直是我国高度重视的一个领域，但由于其历史和地理上复杂而深刻的原因，我国民族教育整体水平和全国平均水平相比依旧存在差距，我国民族教育发展仍然面临着一些困难。新时代，党和政府的工作文件提出，要建立民族团结教育常态化机制，进一步加大对少数民族和民族地区教育的支持力度。

第八，规范发展民办教育。中华人民共和国成立初期，由于社会经济体制的影响，我国的教育都由国家和政府来办。但是随着教育在数量、质量以及多样化方面的需求不断增长，社会力量办学成为一种不可逆转的潮流。《国家中长期教育改革和发展规划纲要（2010—2020年）》明确提出，各级政府不仅要鼓励社会力量办学，而且要保障其根本利益，对民办教育的扶持要真正落到实处。教育部2016年工作要点中也再一次明确提出要推进民办教育分类改革。2016年，国务院出台《国务院关于鼓励社会力量兴办教育 促进民办教育健康发展的若干意见》，强调要不断提高我国民办教育的质量，保障学生的根本利益。

第九，融合发展特殊教育。2014年1月，教育部联合国家发展改革委等 7 个部门制定了《特殊教育提升计划（2014—2016年）》，全面推进全纳教育模式，使每一个残疾孩子都能接受合适的教育。经过三年的努力，初步建立起布局合理、学段衔接、普职融通、医教结合的特殊教育体系，办学条件和教育质量进一步提升。同时，建立财政为主、社会支持，全面覆盖、通畅便利的特殊教育服务保障机制，基本形成政府主导、部门协同、各方参与的特殊教育工作格局，体现出中国共产党对特殊教育的持续关注和有力支持。

第十，教育扶贫工程建设。以往的扶贫制度设计存在缺陷，针对性不强，是一种粗放式扶贫，没有从根本上形成消除贫困的长效机制。在精准扶贫过程中，"扶贫先扶智"决定了教育扶贫的基础性地位，"治贫先治愚"决定了教育扶贫的先导性功能，"脱贫防返贫"决定了教育扶贫的根本性作用。我国的农村在全国占很大的比例，乡村地区的教育一直是我国教育和谐可持续发展的短板和最薄弱的一环。我国教育扶贫项目也是层出不穷，从未间断。

第十一，加强教师队伍建设。教师是教育事业发展的基础，是提高教育质量、办好人民满意教育的关键。党中央、国务院历来高度重视教师队伍建设，但我国同时存在教师队伍整体素质有待提高、队伍结构不尽合理、教师管理体制机制有待完善、农村教师职业吸引力亟待提升等一系列问题。对此，党和国家通过建立教师职业标准、建立健全中小学师德建设长效机制、建立健全教师管理制度、制定乡村教师支持计划等措施，切实提高教师队伍质量。

第十二，全面深入推进教育信息化。人类社会进入 21 世纪，信息技术已经渗透到社会的方方面面，教育领域在信息化时代也发生着深刻的变革。面对日趋激烈的国力竞争，世界各国普遍关注教育信息化在提高国民素质和增强国家创新能力方面的重要作用。我国发布了《教育信息化十年发展规划纲要（2011—2020年）》，通过"三通两平台"加速推进教育信息化，高度重视教育信息化的推进与落实。

第十三，教育对外开放，促进教育合作。中国教育与全球教育从未像现在这样联系如此紧密，进一步扩大开放，实现更高水平的教育开放发展，是我国教育发展的新需要，更是新时期国家经济社会发展的新需要。2015年12月10日，习近平主持召开了中央全面深化改革领导小组第十九次会议，会议审议通过了《关于做好新时期教育对外开放工作的若干意见》，强调教育对外开放是我国改革开放事业的重要组成部分，要服务党和国家工作大局，统筹国内国际两个大局，提升教育对外开放质量和水平。要增强服务中心工作能力，自觉服务"一带一路"建设等重大战略，推动实施创新驱动发展战略、科教兴国战略、人才强国战略。要考虑不同地区教育水平和区域发展需要，有所侧重、因地制宜。要加强党对教育对外开放工作的领导，发挥各级党组织在教育对外开放战略目标、人才培养、干部管理等各项工作中的领导作用[1]。还制定了《推进共建"一带一路"教育行动》，深化沿线国家教育交流合作。

---

[1] 改革要向全面建成小康社会目标聚焦 扭住关键精准发力严明责任狠抓落实. 人民日报, 2015-12-10.

坚持扎根中国大地办教育的核心要义是体现中国特色

扎根中国大地办教育要始终坚持中国特色，既要遵循基本的教育规律，更要遵循中国社会发展的独特规律，以马克思主义为指导，立足当前的国情民情，坚持党的领导，坚持社会主义办学方向，以人民为中心，把教育深植于中华优秀文化的肥沃土壤中，把中国特色融入教育发展之魂。

一、教育发展要坚持中国逻辑

由于历史文化传统、政治制度环境、国家整体发展水平等方面的不同，各国教育发展中都有相对独特的内在逻辑和生成规律。习近平认为，中国有独特的历史、文化和国情，决定我们只能走中国特色的教育现代化之路，扎根中国大地办教育。这充分体现了习近平关于教育的重要论述的中国逻辑[①]。其内在实质是中国教育发展要立足中国实际、满足中国需要、体现中国特色。扎根中国大地办教育，要求必须与中华优秀传统文化相结合、与我国政治制度相匹配、与我国基本国情相一致，并遵循教育自身规律，发展中国特色社会主义教育，为国家富强、民族复兴培养时代新人。

（一）扎中华优秀传统文化之根

教育与文化之间具有相互制约、相互依存的关系。世界上没有任何一个民族能够仅仅依靠外来文化实现发展和复兴。任何一个国

---

① 周光礼. 系统理解习近平关于教育事业发展的重要论述. 人民论坛，2019（6）：10-12.

家的教育发展都会受到历史条件、文化传统的支持与制约,都必须与其独有的文化思想、文化模式相适应。"历史和现实都表明,一个抛弃了或者背叛了自己历史文化的民族,不仅不可能发展起来,而且很可能上演一幕幕历史悲剧。"[1] 扎根中国大地办教育,加快教育现代化,必须植根于中国本土文化,扎中华优秀传统文化之根。

全球化时代,加强与世界各国各民族的交流学习非常重要。在漫长的历史进程中,中华民族除了要积极学习、吸取其他民族的优点和长处,更重要的是要始终坚守好自己的文化根基,对自己的民族文化持有坚定的信心和永不动摇的信念。作为世界上唯一一个存在和延续发展至今的古老文明,中华文明所有的顽强的生命力和生生不息的生长力已经得到了充分证明。中华民族的精神内核主要体现为"天人合一"的世界观、"和而不同"的辩证法、"以民为本"的政治哲学、自强不息和厚德载物的民族精神、爱国敬业和勇于拼搏的牺牲精神、尊老爱幼和重视伦理的传统美德等[2]。经历历史长河磨砺而积累下来的优秀传统文化是实现中华民族伟大复兴的坚强基石。传承中华优秀传统文化为中国特色社会主义事业发展提供精神滋养,是扎根中国大地办教育的重要任务。

"中华民族在几千年历史中创造和延续的中华优秀传统文化,是中华民族的根和魂。"中国有着5 000多年的悠久文明,博大精深的中华优秀传统文化是中国特色社会主义道路的深厚沃土,也是我们在世界文化激荡中站稳脚跟的根基。中华优秀传统文化中蕴含着丰富的教育思想,为中国特色社会主义教育发展道路提供了历史土壤和成长养分,走中国特色社会主义教育发展道路必须

---

[1] 习近平. 在中国文联十大、中国作协九大开幕式上的讲话. 人民日报,2016-12-01.
[2] 张允熠. 中华优秀传统文化是中华民族伟大复兴的基石. 上海师范大学学报(哲学社会科学版),2018(5):21-29.

深深植根于中华优秀传统文化和优秀传统教育思想之中。中华优秀传统文化中有两个基本教育传统，对新时代中国特色社会主义教育发展仍然具有突出的现实意义。一是重视古典人文教育，强调教育的最终目的是培养圣贤之人，以天人合一为最高境界。例如，《中庸》之中对天与人、人与教育的关系进行了简明概括，"天命之谓性，率性之谓道，修道之谓教"，清晰勾勒出传统教育哲学思想的基本脉络。《大学》提出"大学之道，在明明德，在亲民，在止于至善"，宋明理学家强调"孔颜乐处""曾点气象""为天地立心，为生民立命"等，都突出了伦理道德教育的重要性。二是重视教育的政治功能，强调教育要为政治服务，为治国理政服务。例如，《大学》中提出的"三纲""八目"（格物、致知、诚意、正心、修身、齐家、治国、平天下）的教育理论，对传统政教关系进行了精练阐释，体现了古代知识分子强烈的道德责任感和历史使命感。所谓"建国君民，教学为先""化民成俗，其必由学"，作为现代文官制度的源头，科举制将教育系统和政治系统合二为一，倡导"学而优则仕"。"坚持把立德树人作为根本任务"是对古典人文教育的继承与发展，"坚持把服务中华民族伟大复兴作为教育的重要使命"和"坚持社会主义办学方向"是教育政治功能的具体体现。

在教育教学思想和方法方面，古代中国的教育学家们也创造了非常丰富的成果，能够继续为我们深化教育教学改革创新提供理论指导。例如，孔子提倡因材施教，指出"中人以上，可以语上也；中人以下，不可以语上也"，并提出启发式教学，强调"不愤不启，不悱不发。举一隅不以三隅反，则不复也"。中国最早的教学理论专著《学记》也认为教师应该"道而弗牵，强而弗抑，开而弗达"。除此以外，"学思结合""知行合一""有教无类""教学相长""经世致用"等教育教学理论和思想,对于新时代持续深化教育教学改革,大力促进教育公平和提高教育教学质量,具有重要理论指导价值。中国特色社会主义教育正是需要建立在中华优秀传统文化的基础上,需要从那些传统优秀教育思想和理论中汲取营养,这些历经数千年传承下来的传统文化和教育理论良好地凸显了教育的本质与规律。

(二)扎政治制度之根

不同的社会制度决定着不同的教育目的,一个国家办教育是为这个国家和民族的发展服务的。我国是中国共产党领导的社会主义国家,为人民谋幸福、为民族谋复兴是党和政府一以贯之的教育宗旨,必须坚持"以祖国需要为第一需要""以人民满意为第一标准"的价值追求发展教育事业,必须把培养社会主义建设者和接班人作为教育的根本任务,培养一代又一代拥护中国共产党领导和我国社会主义制度、立志为中国特色社会主义奋斗终身的有用人才。党政军民学,东西南北中,党是领导一切的。办好中国的事情,关键在党。我国《宪法》明确规定,中国特色社会主义最本质的特征是中国共产党领导。坚持和完善党的领导,是党和国家的根本所在、命脉所在,是全国各族人民的利益所在、幸福所在。"坚持党对教育事业的全面领导"是我们基本政治制度的具体体现。扎根中国大地办教育,必须要扎政治制度之根,其核心是坚持党对教育事业的全面领导永不动摇。

"教育是国之大计、党之大计"[①],实现教育现代化、建设教育强国是实现中华民族伟大复兴的基础性工程。中国共产党是中

---

① 习近平. 坚持中国特色社会主义教育发展道路 培养德智体美劳全面发展的社会主义建设者和接班人. 人民日报,2018-09-11.

国特色社会主义教育事业的开创者、推动者、引领者，中国教育发展取得的伟大历史成就证明，党的领导决定着中国特色社会主义教育发展的道路、理论、制度、文化的性质。"加强党对教育工作的全面领导，是办好教育的根本保证"[1]。2018年9月10日，习近平总书记在全国教育大会上提出了教育"九个坚持"新理念新思想新观点，深刻回答了新时代如何坚持走中国特色社会主义教育发展道路的根本问题。坚持党对教育事业的全面领导，是教育强国建设的根本基石，是中华民族伟大复兴中国梦、"两个一百年"奋斗目标的重要保证，是实现人的全面发展、办人民满意教育的关键要素。党的十八大以来的实践证明，只有坚持党对教育事业的全面领导，才能保证教育改革的正确方向和教育发展创新的顺利进行。党的十九大报告指出，建设教育强国是中华民族伟大复兴的基础工程，必须把教育事业放在优先位置。必须坚持党的领导，这一点任何时候都不能动摇。

我国是中国共产党领导的社会主义国家，这就决定了我们的教育必须把培养社会主义建设者和接班人作为根本任务，要教育引导学生树立共产主义远大理想和中国特色社会主义共同理想，增强中国特色社会主义道路自信、理论自信、制度自信、文化自信，培养一代又一代拥护中国共产党领导和我国社会主义制度、立志为中国特色社会主义奋斗终身的有用人才[2]。

（三）扎基本国情之根

坚持从基本国情出发，是党和国家制定正确路线方针政策的

---

[1] 习近平. 坚持中国特色社会主义教育发展道路　培养德智体美劳全面发展的社会主义建设者和接班人. 人民日报，2018-09-11.

[2] 培养什么人，是教育的首要问题. 光明日报，2018-09-13.

基础，是坚持和发展中国特色社会主义的关键。教育是一项社会性事业，和国情实际、文化历史、经济发展、政治制度等密不可分。我们培养的人才要服务国家建设和社会发展，要服务中华民族的伟大复兴梦，因此中国教育必须坚持扎根中国大地。正如习近平总书记所强调的："人才培养体系必须立足于培养什么人、怎样培养人这个根本问题来建设，可以借鉴国外有益做法，但必须扎根中国大地办大学。"扎根中国大地办教育，要立足中国实际办服务中国的学校，要立足中国国情办让人民满意的教育。深入分析和准确判断我国基本国情，科学认识当前所在的新的历史方位和时代坐标，扎基本国情之根，才能始终充分发挥中华民族的独特优势，探索具有中国特色的社会主义教育改革创新之路，彰显中国智慧，形成中国方案。

党的十九大报告指出中国特色社会主义进入新时代。这不仅是中国特色社会主义发展新的里程碑，也是我们全面认识和把握我国基本国情、建设教育强国的历史新坐标。新时代我们的基本国情整体体现为"一变、两不变"。"一变"是指新时代我国社会主要矛盾已经发生改变，从"人民日益增长的物质文化需要同落后的社会生产之间的矛盾"转化为"人民日益增长的美好生活需要和不平衡不充分的发展之间的矛盾"；"两不变"是指我国仍处于并将长期处于社会主义初级阶段的基本国情没有变，我国是世界上最大的发展中国家的国际地位没有变，这是我国的"最大国情"与"最大实际"。随着我国社会生产力水平的不断提高，国家越来越富裕，人民生活水平越来越高。新时代人民对美好生活的需要日益广泛，对物质文化提出了更高要求，民主、法治、公平、正义等方面的要求日益增长，发展不平衡不充分成为当前我们需要着重解决的突出问题。社会主要矛盾在教育领域表现为，人民群众日益增长的对高质量教育的需要与教育质量不平衡不充分的发展之间的矛盾。如今，我国面临着对高素质人才前所未有的急迫需求，要教育引导广大青少年把个人理想和国家民族的前途命运紧密联系在一起，坚定信念、增长才干，肩负起民族复兴的时代重任。教育不仅关系到人民幸福，还关系到国家强盛和中华民族伟大复兴。"坚持优先发展教育事业"是党和政府长期以来的重要发展战略，是对我国基本国情实际最深刻的把握。扎根中国大地办教育，必须把坚持中国特色、立足中国国情实际作为教育工作的基本出发点，坚持把教育放在优先发展的战略地位，持续加大教育投入，优化资源配置，着力推进教育更公平、更高质量发展。扎根中国大地办教育要走中国特色社会主义国家办大教育、办强教育的发展道路。教育的改革发展必须同党和国家事业发展要求相适应，同人民群众期待相契合，同我国综合国力和国际地位相匹配，办好具有中国特色、世界水平的现代教育。

（四）扎教育规律之根

扎根中国大地办教育，要扎教育规律之根，遵循教育规律发展教育事业。既要坚持教育改革创新，善于从中国教育实践中总结适合中国教育发展的成功经验，也要遵循教育普遍规律，善于从西方发达国家吸收先进的教育经验。要用以改革创新为核心的时代精神持续深化教育改革创新。

遵循教育规律是坚持扎根中国大地办教育的基本原则。社会性是教育的基本属性，教育发展必须与社会发展相一致，并服务于社会发展。扎根中国大地办教育，首先要遵循中国社会的独特发展规律。这是教育与社会发展的关系的反映，是遵循教育外部关系规律的必然要求。我国是中国共产党领导的社会主义国家，遵循中国社会独特的发展规律，就是要遵循共产党执政规律和社会主义建设规律，要坚持党对教育事业的全面领导，坚持社会主义办学方向。其次，要以促进人的身心发展为根本目的。教育与人的发展之间具有内在关系，反映了教育的内部规律。扎根中国大地办教育要遵循人类社会发展规律，这是遵循教育与人的发展关系的基本要求。马克思主义认为，教育就是要促进人的全面发展。培养人、培养适应社会发展需要的人是教育的核心要义。遵循人类社会发展规律，坚持扎根中国大地办教育，要以人民为中心，办满足人民需要、符合人民期待的具有中国特色、世界水平的现代教育。

事物的性质主要是由主要矛盾的主要方面决定的。中国特色社会主义进入新时代，我国社会主要矛盾已经转化为人民日益增长的美好生活需要和不平衡不充分的发展之间的矛盾。社会主要矛盾在教育领域表现为人民群众日益增长的对高质量教育的需要与教育质量不平衡不充分的发展之间的矛盾。扎根中国大地办教育，要正视我国教育发展的国情实际，解决好教育领域的主要矛盾，并且要准确抓住这一矛盾的主要方面。改革开放40多年来，我国社会主义建设取得重大成就，人们生活水平有了大幅提高。当前，人民群众对高质量教育的追求不断增强，已成为促进我国教育改革创新的强大动力，但教育发展不平衡不充分是我国社会主义初级阶段的客观存在，是迫切需要解决的重要问题，这就是摆在我们面前的新时代教育领域主要矛盾的主要方面。要解决教育领域的这一主要矛盾，就需要通过努力发展公平而有质量的教育、建设高质量教育体系、扩大优质教育供给来满足人民群众不断增长的对优质教育的需求。

（五）坚持中国逻辑的世界意义

中国国情的复杂性、地域发展的不平衡性、特有的历史文化背景都决定了，要办好中国教育，不能照抄照搬西方国家的办学模式或办学经验，必须扎根中国大地、坚持中国逻辑，要用自己的科学发展观和思想体系去引领，要用社会主义先进文化、社会主义核心价值观去滋补营养、培育成长，进而形成具有中国特色的本土化解决方案。新中国成立以来，特别是改革开放以来，中国教育在改革中不断实践、在探索中不断发展，在吸收和借鉴国外先进理论和经验的同时，坚定不移地走中国特色教育发展道路，以实现跨越式发展的伟大成就和科学睿智的中国方案吸引了世界各国的关注。

党的十九大报告指出，当下的中国拓展了发展中国家走向现代化的途径，给世界上那些既希望加快发展又希望保持自身独立性的国家和民族提供了全新选择，为解决人类问题贡献了中国智慧和中国方案。作为新一轮全球化进程的引领者，世界各国，包括许多发展中国家、转型国家甚至发达国家，都在关注中国教育改革发展的进程、经验、理论和政策。回顾中国教育改革发展历史实践，总结中国特色社会主义教育理论，提炼教育改革发展方面的中国经验、中国智慧与中国方案，对于促进世界各国尤其是广大发展中国家、转型国家的教育改革与发展，具有重要借鉴意义。而且，在全世界深受金融危机影响，西方的新自由主义和"第三条道路"导向的教育改革实践引起广泛反思的大背景下，中国教育改革与发展的伟大成就和成功经验，更具时代意义。许多国际组织、国家和地区已经开始对中国经验、理论、政策进行系统化研究，这必将给各国教育发展带来积极而有益的影响。

二、遵循教育规律与中国特色是扎根中国大地办教育的基本原则

扎根中国大地办教育，必须坚持遵循教育规律与中国特色的统一。规律是事物之间存在的本质的、必然的、稳定的联系，它决定着事物发展的方向和趋势，不以人的意志为转移。扎根中国大地办教育作为一种社会现象和社会实践活动，必然要受到教育基本规律和中国社会发展规律的制约。遵循教育规律和中国特色是教育发展普遍性与特殊性的统一。遵循教育规律和中国特色是坚持扎根中国大地办教育的基本原则。

（一）办教育必须遵循教育基本规律

马克思在《关于费尔巴哈的提纲》这一历史唯物主义创立过程中的重要文献中提出人的本质"是一切社会关系的总和"这一重要论断。他将人当作社会的人，把人的本质归结为人的社会性，归结为人在一定社会关系中的实践活动，这一结论是对人的本质的感觉论观点和人本学观点的巨大变革，对教育学有着重要的意义。教育作为一种促进人发展和为社会培养人才的独特现象，与社会发展对人才的需求和个体对自身发展的要求密切相关。教育必须反映社会对个人发展的总要求，在受教育者的积极活动和参与下，教育才能对个人实现其决定性的影响。教育实践过程就是不断激发个体天性、挖掘人的潜能、帮助人充分实现自身价值的过程，帮助促进每一个个体实现由自然人向社会人的转化，从懵懂的孩童成长为能够适应社会并服务社会的有价值的人。从生物角度来说，人的发展具有顺序性、不平衡性、阶段性、个体差异

性和整体性等特征，这也就要求教育必须要遵循人的身心发展规律，这就是教育的内在规律。另外，教育的社会性也决定了教育必须与社会环境相适应。我国幅员辽阔，各地历史文化背景、经济发展水平、地理环境因素各不相同，不同地区的学生也有着各不相同的区域特性。扎根中国大地办教育，要坚持以人民为中心发展教育，合理调配教育资源，大力促进教育公平、提高教育质量，根据不同地区学生身心发展的共性规律、个体差异和区域特性，因材因地因时施教，促进全体学生能够获得自由而全面的发展。这不仅是遵循人类社会发展规律、遵循教育的内部关系规律的体现，更是遵循教育与人的发展关系的基本要求。遵循人类社会发展规律，坚持扎根中国大地办教育，要以人民为中心，办满足人民需要、符合人民期待的具有中国特色、世界水平的现代教育。

（二）中国教育发展必须立足中国社会实际、体现中国特色

马克思主义认为，经济基础决定上层建筑，物质生活资料的生产是历史发展的基础，起着决定作用；精神的、政治的诸社会现象是第二性的，其性质、变化是由物质生产、经济基础所决定的。但是，诸社会意识现象一经产生就有着它自身发展的规律和特点，并会反过来影响社会发展，甚至有时候还会决定历史发展的特点或形式。这种精神的、政治的诸社会现象独特运动规律对社会发展的作用是不可忽视的。作为一种独特的社会现象，教育与整个社会系统之间是一种双向互动的关系，相互促进又相互制约。坚持扎根中国大地办教育，就要从中国社会发展的宏观层面进行整体把握、系统把握，要依据我国实际国情，遵循中国社会独特的发展规律，促进教育与经济、政治、人口和文化等其他社

会系统的协调发展。

　　首先，教育的发展以经济发展为基础，必须要以国家经济支持能力以及社会经济发展需求为前提条件。扎根中国大地办教育，既要立足中国经济持续快速发展的客观实际，追求经济与教育相互促进的最大效益，又要正确对待中国不同地域之间的经济差异，要把发展中国特色社会主义教育事业置于我国整个经济社会发展的大局中进行统筹规划。其次，教育的发展受国家政治的制约。二者之间同样是一种双向互动关系，即国家政治制约着教育的性质和发展方向，教育又会反过来促进政治制度的不断完善和进化。扎根中国大地办教育，要求我国教育发展必须坚持社会主义方向不能变，教育政策方针要为社会主义现代化建设服务，要以人民为中心发展教育，坚持教育公平的价值追求。最后，教育的发展还受到人口与文化的限制。其中，人口素质与数量规模对于一个国家的教育发展有着非常直接的影响，不仅影响着教育发展的速度，而且影响着教育投入的方向。扎根中国大地办教育，要正确认识我国人口基数大、整体素质有待提高的客观现状，通过加强国家教育顶层设计，合理配置教育资源，促进学生全体发展、全面发展和个性充分发展，实现我国从人口大国、教育大国向人力资源强国、教育强国的转变。

三、立足国情民情是扎根中国大地办教育的基本出发点

　　扎根中国大地办教育，必须立足中国国情民情，探索适应中国社会发展的、具有中国特色的社会主义教育改革发展之路。党的十九大报告明确指出，"中国特色社会主义进入新时代，我国社

会主要矛盾已经转化为人民日益增长的美好生活需要和不平衡不充分的发展之间的矛盾"；同时还强调"我国仍处于并将长期处于社会主义初级阶段的基本国情没有变，我国是世界最大发展中国家的国际地位没有变"。这一重要论述，指明了党和国家事业发展所处的时代坐标，为我们认清基本国情、把握新时代赋予教育的新使命提供了根本遵循，为扎根中国大地办教育明确了基本出发点。

（一）社会主义初级阶段是中国教育发展的基本国情和最大实际

习近平总书记在党的十九大报告中强调："全党要牢牢把握社会主义初级阶段这个基本国情，牢牢立足社会主义初级阶段这个最大实际，牢牢坚持党的基本路线这个党和国家的生命线、人民的幸福线，领导和团结全国各族人民，以经济建设为中心，坚持四项基本原则，坚持改革开放，自力更生，艰苦创业，为把我国建设成为富强民主文明和谐美丽的社会主义现代化强国而奋斗。"这一重要论述，为我们决胜全面建成小康社会、夺取新时代中国特色社会主义伟大胜利指明了方向①。教育是促进人的全面发展、提高人民综合素质的重要途径，是民族振兴、社会进步的重要基石，是对中华民族伟大复兴具有决定性意义的事业。必须从我国社会主义初级阶段的基本国情出发，在中国特色社会主义进入新时代的新的历史方位上，从实现"两个一百年"奋斗目标的历史高度，加深对新时代党和政府优先发展教育事业重要战略意义的认识。

---

① 秋实．全面认识和把握我国基本国情．人民日报，2018-05-03.

我国是世界上人口最多的国家，举办着世界上最大规模的教育。当前，我国社会结构转型和经济体制转轨同时并进，在经济总量有限、各地经济发展差异较大的现实背景下，教育资源分布不均、优质教育资源短缺成为制约我国教育事业发展的重大难题，人民群众对高质量教育的迫切需求与优质教育资源的严重短缺已经成为当前教育领域的主要矛盾[①]。中国是一个发展中的大国，人口规模与分布、经济发展的区域化差异、复杂的历史背景和多样化文化等都使得我国教育发展承载的使命和前进的历程独具特征。随着我国教育改革进入深水区，影响教育发展的内部利益关系越来越多元和复杂；教育改革内在张力不断加大，教育体系内部不同层次、不同类型教育之间的内在联系更加密切；传统世界进一步消融；教育与经济社会的联系更加紧密，受外部制度、政策和舆论环境等方面的影响越来越大。这既是处于社会主义初级阶段的中国深化改革、推动教育跨越式发展过程中必然面对的现实问题，也是世界上几乎所有发展中国家在发展壮大过程中都不得不面对的难题。坚持扎根中国大地办教育必须立足国情民情，必须结合各地经济发展现状与人才需要，充分利用国家与地方、政府与社会等各类资源，遵循教育发展内在规律，准确科学施策，深化教育领域综合改革，积极探索具有中国特色的教育改革创新路径，促进教育更公平更好质量地发展，走中国特色社会主义国家办大教育、办强教育的发展道路。

（二）扎根中国大地办教育必须以史为基，办传承中国历史的教育

中华民族拥有着 5 000 多年的悠久历史，中华民族的历史就

---

① 钟秉林. 如何涉过教育改革"深水区". 中国教育学刊，2013（9）.

是中华优秀传统文化形成的过程,甚至就是中华传统本身。遗忘历史,等于背叛过去;忘记历史,等于丢掉自己的"根"。教育是民族振兴、社会进步的重要基石,是功在当代、利在千秋的德政工程①。通俗地说,当前中国教育就是要培养具有"家国情怀"的人,其根本意蕴是我们培养的各类人才要对国家和人民怀有深情大爱,无私热爱自己的国家和人民。一个对自己国家的历史一无所知、对人民的创造与抗争缺乏认同的人,是不可能产生"家国情怀"的,是不可能对自己的国家和人民有着真正的认同的。

扎根中国大地办教育必须以史为基,加强中国历史教育,努力培养了解中国历史、熟悉中国历史、懂得中国历史的人。从本质来讲,中国历史教育实际上是一种认同教育,这是作为一名中国人必须接受的教育。对学生来说,接受中国历史教育,既是权利也是义务。只有了解中华民族 5 000 多年的文明与辉煌,才会真正意识到"中国人"身份的自豪与荣光;只有熟悉中华民族近代以来所遭受的挫折和苦难,才会真正对国家富强和民族复兴充满急切渴望;只有懂得中国革命与建设实践的艰辛与汗水,才会真正明白党的事业的崇高与伟大,才会努力成为担当民族复兴大任的时代新人。教育是一种有组织有目的地培养人的社会活动,中国社会主义教育要努力培养德智体美劳全面发展的社会主义建设者和接班人,中国历史既是教育的主要内容也是教育活动的出发点。2014 年 10 月 13 日,习近平在主持中共中央政治局第十八次集体学习时指出:"怎样对待本国历史?怎样对待本国传统文化?这是任何国家在实现现代化过程中都必须解决好的问题。""我们不是历史虚无主义者,也不是文化虚无主义者,不能数典忘

---

① 习近平. 坚持中国特色社会主义教育发展道路 培养德智体美劳全面发展的社会主义建设者和接班人. 人民日报,2018 - 09 - 11.

祖、妄自菲薄。"

中华文明历史悠久,是世界上唯一没有中断、发展至今的文明,丰富的历史文化材料是弥足珍贵的教育资源。中国自古就有编修史籍、以史育"人"的优秀传统。家庭、家族以及地方行政机构,都非常重视自己的历史传承和教育,通过家谱、地方志等材料,以口述或文字等多种方式不断地向后代讲述家庭、家族和地方的历史。扎根中国大地办教育,必须深入中国历史,充分挖掘历史资源优势,办基于中国历史、面向中国历史的教育,在传承中国历史文化知识的同时实现以史育"人"。只有认同自己的历史和文明,才会尊重自己的历史和文明,才会积极从历史中吸取教训和智慧,更好地开创未来。

(三) 坚持扎根中国大地办教育需要面向中国实际问题,回应人民关切

扎根中国大地办教育,必须坚持"以祖国需要为第一需要""以人民满意为第一标准"的价值追求,面向中国实际问题发展教育,培养时代发展所需要的解决社会问题、推动社会进步的各类人才,办人民满意的教育。

改革开放 40 多年来,在政府、教育系统和社会的共同努力下,我国教育事业得到全面发展,教育改革不断深化,教育公平水平稳步提升[①]。当前,我国已进入全面建设现代化的重要时期,党和国家对高素质人才的需求前所未有的急迫。教育优先发展的战略地位更加突显,"教育兴则国家兴",教育是"国之大计、党之大计",是对中华民族伟大复兴具有决定意义的事业。党的十八

---

① 张力. 优先发展教育事业,建设教育强国. 中国纪检监察报,2018-02-11.

大以来，党和政府做出了一系列教育改革创新的重大决策，我国教育发展取得巨大成就，关键之处在于党和政府对中国发展实际和面对的现实教育问题的科学判断。同时，随着我国社会主义发展进入新时代，人民群众对高质量教育的需要越来越高，而现在我国的教育供给服务还无法充分满足广大人民群众对教育质量、教育公平的需要。这是新时代我国教育发展必须关注并着力解决的民生问题。

习近平总书记指出，我国有独特的历史、独特的文化、独特的国情，决定了我国必须走中国特色的教育发展道路。"当代中国的伟大社会变革，不是简单延续我国历史文化的母版，不是简单套用马克思主义经典作家设想的模板，不是其他国家社会主义实践的再版，也不是国外现代化发展的翻版。"[①] 我国的教育发展道路，只能我们自己立足国情去尝试和探索。党的十九大指出，中国特色社会主义进入新时代，我们面临的主要矛盾和主要任务都发生了变化，更好地满足人民日益增长的美好生活需要，实现社会经济的均衡充分发展，成为未来的主要任务。因此，必须立足中国特色社会主义新时代，在党的正确领导下，以人民为中心，坚持教育"为人民服务，为中国共产党治国理政服务，为巩固和发展中国特色社会主义制度服务，为改革开放和社会主义现代化建设服务"，把教育放在优先发展的战略地位，深化教育领域综合改革，加大教育投入，扩大优质教育资源供给，优化教育资源配置，促进教育公平，提高教育质量，推动我国从教育大国走向教育强国，逐步适应人民从"有学上"到"上好学"的教育需求的转化，促进所有学生的个性充分发展，培养德智体美劳全面发展

---

① 习近平．在纪念马克思诞辰200周年大会上的讲话．人民日报，2018-05-05．

的社会主义建设者和接班人,培养能够担当民族复兴大任的时代新人。

四、坚持社会主义办学方向是扎根中国大地办教育的根本要求

"培养什么人,是教育的首要问题",任何一个社会和国家发展教育都必须培养这个社会和国家所需要的人。我国是中国共产党领导的人民民主专政的社会主义国家,这就决定了我国必须发展社会主义教育,努力培养社会主义建设者和接班人。中华人民共和国成立以来的教育发展实践充分证明,发展社会主义教育必须始终坚持社会主义办学方向,这是中国教育持续健康发展的有力保证。随着中国特色社会主义进入新时代,对教育和人才培养提出更新更高的要求,必须以习近平新时代中国特色社会主义思想为指导,全面贯彻党的教育方针,始终坚持社会主义办学方向不能变,扎根中国大地办中国特色社会主义教育,把培养社会主义建设者和接班人作为根本任务,培养一代又一代拥护中国共产党领导和我国社会主义制度、立志为中国特色社会主义奋斗终身的有用人才。这是新时代我国教育工作的根本任务,也是教育现代化的方向目标。

(一)坚持社会主义办学方向是由我国国家性质决定的

教育的多重功能使得它对于国家发展强大具有重要作用,同时国家性质也决定了教育的性质和方向。我国是人民民主专政的社会主义国家,办的是社会主义教育,要为发展中国特色社会主义培养建设者和接班人,这决定了扎根中国大地办教育的根本要

求是坚持社会主义办学方向。这一要求在教育立法尤其在对教育的性质、指导思想、培养目标等规定中得到了充分体现。《中华人民共和国教育法》第三条规定："国家坚持以马克思列宁主义、毛泽东思想和建设有中国特色社会主义理论为指导，遵循宪法确定的基本原则，发展社会主义的教育事业。"第五条规定："教育必须为社会主义现代化建设服务、为人民服务，必须与生产劳动和社会实践相结合，培养德、智、体、美等方面全面发展的社会主义建设者和接班人。"法律明确规定了我国教育的社会主义性质和指导思想，充分体现了我国的教育事业要为社会主义现代化建设服务的根本方向。习近平总书记指出："培养什么人，是教育的首要问题。我国是中国共产党领导的社会主义国家，这就决定了我们的教育必须把培养社会主义建设者和接班人作为根本任务，培养一代又一代拥护中国共产党领导和我国社会主义制度、立志为中国特色社会主义奋斗终身的有用人才。这是教育工作的根本任务，也是教育现代化的方向目标。"[①] 扎根中国大地办教育必须坚持社会主义办学方向，以习近平新时代中国特色社会主义思想为指导，全面贯彻党的教育方针，把立德树人作为教育的根本任务，把培育和践行社会主义核心价值观融入国民教育全过程，培养德智体美劳全面发展的社会主义建设者和接班人。

（二）新中国教育发展的历史经验决定了必须坚持社会主义办学方向

新中国的教育已经走过了 70 多年的风雨历程，与之相随的中国特色教育也进行了 70 多年的艰苦探索。中国的教育从 1957 年

---

① 习近平. 坚持中国特色社会主义教育发展道路 培养德智体美劳全面发展的社会主义建设者和接班人. 人民日报，2018-09-11.

开始探索中国特色社会主义道路，始终坚持中国特色社会主义道路的正确办学方向，为社会主义现代化建设服务。我国每一次教育方针的修改无不与我国的政治、经济、文化背景相关。1957年，毛泽东提出："我们的教育方针，应该使受教育者在德育、智育、体育几方面都得到发展，成为有社会主义觉悟的有文化的劳动者。"① 这一论述，概括了中华人民共和国成立以来我党对教育的基本共识，成为社会主义教育方针的经典表述。其使命在于为实现以工业化为中心的社会主义建设服务，满足人民群众日益增长的物质和文化需要，提供文化知识、科学技术和人才支持，重点是提高国民的社会主义思想政治觉悟，掌握现代科学技术和文化知识，培养全面发展的各类建设人才②。1958年以后，进入"大跃进"时期，中共中央开始批判教育部门的教条主义、右倾保守思想和教育脱离生产劳动、脱离实际，并在一定程度上忽视政治、忽视党的领导的错误，并提出了"教育为无产阶级的政治服务，教育与生产劳动相结合"的社会主义教育方针，反映了极左思潮的泛滥，否定了教育为经济建设服务，不提学习文化科学知识，把"劳动者"限定为"生产劳动者""体力劳动者"③。1962年之后，"教育为无产阶级政治服务"更被突出强调，逐步演变成了"教育为阶级斗争服务"，"学校应当成为无产阶级专政的工具"，使教育事业完全从属于阶级斗争的需要，这一倾向在"文化大革命"中发展到极端荒谬的地步，严重背离了社会主义教育的精神实质和基本内容。直到1978年党的十一届三中全会的召开，我国教育事业迎来了新的曙光，教育从为阶级斗争服务重新走上

---

① 毛泽东. 毛泽东文集：第7卷. 北京：人民出版社，1999：226.
②③ 韩震. 新中国成立60年中国特色教育科学的探索与发展//中国道路：理论与实践，2009：260-269.

了为社会主义经济建设服务的道路，教育不再单单为政治服务，而是全面为社会主义现代化建设服务。特别是1983年，邓小平提出了教育要"面向现代化，面向世界，面向未来"，我国教育全面的转向"为社会主义政治、经济、文化、科技的发展建设服务"。1993年2月公布的《中国教育改革和发展纲要》中提出，各级各类学校要认真贯彻"教育必须为社会主义现代化建设服务，必须与生产劳动相结合，培养德、智、体全面发展的建设者和接班人"的方针。1995年3月，《中华人民共和国教育法》颁布执行，其中第五条表述为："教育必须为社会主义现代化建设服务，必须与生产劳动相结合，培养德、智、体等方面全面发展的社会主义事业的建设者和接班人。"这一表述真正把我国教育的方针以法律的形式确定了下来，为中国特色教育指明了方向。20世纪末，党中央先后提出并践行了科教兴国战略和人才强国战略，并且实现了基本普及九年义务教育和基本扫除青壮年文盲的目标，高等教育走向大众化。进入21世纪以后，党的十七大提出了把教育作为改善民生的首要任务，不断转变教育的发展方式，全面贯彻实施素质教育，教育的各个阶段均取得了重大的发展。党的十八大和十九大则把建设教育强国提到了中华民族伟大复兴的基础工程的高度，要求必须把教育事业放在优先位置，加快教育现代化，办好人民满意的教育。

纵观中华人民共和国成立以来我国教育的发展，虽然不同时期因社会环境的变化和社会经济发展条件的不同，教育发展的目标有所差异，但中国特色社会主义教育发展道路的方向始终是一致的，呈现出鲜明的方向性。可以说，无论任何时期，我国社会主义教育发展道路都是始终坚持以马克思主义为指导思想，坚持社会主义办学方向，结合我国教育发展的特殊国情进行教育改革实践，为我国社会主义政治、经济、文化、科技的发展服务，这条道路也是不断引导我国教育走向现代化的科学的中国特色社会主义道路。

（三）新时代我国教育发展面临的复杂环境决定了必须坚持社会主义办学方向

进入新时代的中国教育，机遇与挑战并存，只有坚定不移坚持社会主义办学方向才能保证我国教育持续健康发展。

一方面，坚持社会主义办学方向为新时代我国教育发展明确了政治目标。当前国际国内环境异常复杂，处在新的历史方位的中国教育在不断开放、走向世界舞台的同时，也面临着复杂的国内外办学环境，经受着意识形态领域等方面的冲击。信息时代的来临、互联网的普及、经济全球化的推进和我国改革开放的深入，知识文化的国际化传播交流越来越频繁。大量西方思想和观点的涌进，在一定程度上拓宽了人们的视野、丰富了人们的思想，但其中一些错误腐朽的思想观点也会带来负面影响。一些国外敌对势力还趁机不择手段地加强思想渗透，尤其是网络空间如今已成为意识形态领域斗争的重要场所。教育承担着为党和国家培养社会主义建设者和接班人的重任，是国之大计、党之大计，事关国家富强、民族振兴和人民幸福。要打赢意识形态领域这场没有硝烟的战争，各类教育机构、各类学校，所有教育工作者都必须毫不动摇、旗帜鲜明地坚持社会主义办学方向，突出马克思主义的指导地位，坚持和加强党对教育事业的全面领导，落实立德树人，把培养社会主义建设者和接班人作为根本任务。

另一方面，坚持社会主义办学方向为新时代我国教育发展提供了强大动力。在党的英明领导下，我国教育发展取得显著成就，人民综合素质得到大幅提升，为我国经济建设提供了强有力的人才支持和智力支持，中国特色社会主义制度的巨大优势得到了充分证明。尤其是党的十八大以来，党和国家制定了一系列政策方针，不断深化教育领域综合改革，明确了教育现代化目标，理顺体制机制，推动我国从教育大国向教育强国迈进。中国特色社会主义教育发展道路日益完善，中国特色社会主义教育发展前景一片光明。虽然我国已成为世界第二大经济体，国家整体实力、人民生活水平等都有了巨大提升，但是我国仍处于并将长期处于社会主义初级阶段的基本国情没有变，我国是世界最大发展中国家的国际地位没有变。经过多年的改革发展，我国还不是教育强国，与世界发达国家相比还存在不小的差距，教育发展不平衡不充分难以满足人民日益增长的美好生活需要和追求高质量教育的需要。中国教育发展实践证明，中国特色社会主义教育发展道路是我国建设教育强国的必由之路，坚持社会主义办学方向不仅为新时代我国教育发展明确了政治方向，更为教育发展提供了强大动力。

五、坚持党的领导是扎根中国大地办教育的根本保证

办好中国的事情，关键在党。历史和现实都证明，中国共产党领导是中国特色社会主义最本质的特征，是中国特色社会主义制度的最大优势。改革开放 40 多年来，中国共产党始终以改革创新的精神引领推动中国教育发展，经历了各个时期复杂环境下的重重考验，为建设教育强国和人力资源强国提供了最坚强有力的政治保证和组织保证。党的十九大报告中确立了习近平新时代中国特色社会主义思想的指导地位。其中第一条就是"坚持党对一

切工作的领导",强调党是领导一切的,要提高党把方向、谋大局、定政策、促改革的能力和定力,确保党始终总揽全局、协调各方。在全国教育大会上,习近平总书记提出教育"九个坚持"新理念新思想新观点,"坚持党对教育事业的全面领导"列在首位。坚持党对教育事业的全面领导,是扎根中国大地办教育发展具有中国特色、世界水平的现代教育事业的根本保证。

(一)党关于社会改革的目标任务是扎根中国大地办教育的精神指引和动力来源

党对中国特色社会主义事业发展的顶层设计与总体布局体现了切实性和前瞻性的统一。回首中国共产党成立以来的百年历程,为国家谋发展、为人民谋幸福、为民族谋复兴是中国共产党始终不变的宗旨。改革开放以来,建设社会主义现代化国家就一直贯穿于党的社会改革发展规划和实践中,也逐渐内化为全国人民团结奋斗的内在动力和民族精神。从"沿着有中国特色的社会主义道路前进"到"高举中国特色社会主义伟大旗帜",再到"坚定不移沿着中国特色社会主义道路前进",从"有计划的商品经济"到"发展社会主义市场经济",再到"加快完善社会主义市场经济体制",中国共产党领导和发展中国特色社会主义的思想和理论在不断演进和创新,中国特色社会主义发展道路越来越明晰,中国特色社会主义道路的内涵也在深化发展。正是党的社会主义思想和理论不断创新和成熟,中国特色社会主义教育发展道路才有了前进的动力和航标。教育是民族振兴和社会进步的基石,党的十八大报告提出"努力办好人民满意的教育","把立德树人作为教育的根本任务","着力提高教育质量,培养学生社会责任感、创新精神、实践能力";党的十九大提出"坚持以人民为中心的发展思想",指出实现"幼有所育、学有所教"、"优先发展教育事业"。教育改革目标之间的螺旋式前进和一系列可行路径的持续探索,既体现了我们党对教育优先发展的肯定,对人民教育需求的承诺,也为扎根中国大地办教育奠定了坚实的理论基础。

(二)坚持党的领导才能保证教育发展的社会主义方向

我国是中国共产党领导的社会主义国家,必须以培养社会主义建设者和接班人为根本任务,发展社会主义教育。中国共产党是领导中国教育事业发展的核心力量,坚持党对教育事业的全面领导是中国特色社会主义教育制度的最大优势,是办好教育的根本保证。党的十八大以来,我国教育事业发展取得显著成就,最根本的原因在于,在以习近平同志为核心的党中央坚强领导下,党对教育事业的全面领导得到有力贯彻,党对教育工作的领导得到全面加强。科技的发展突破了时间空间的局限,随着全球化、国际化的程度日益加深,大量西方社会思潮不断涌入我国,对青少年学生的世界观、人生观、价值观养成产生了强烈冲击,对教育的价值取向、学校模式和方法等都形成了巨大挑战。实践证明,坚持党对教育事业的全面领导是做好教育工作最宝贵、最重要的经验。只有加强党对教育事业的全面领导,才能把握好我国教育的正确发展方向[1]。必须将党的领导贯彻到教育事业发展的各方面、各环节,实现横向到边、纵向到底、全面覆盖。牢牢坚持党对各类各形式教育的全面领导,始终保证党和政府在教育事业发展中的领导核心地位,坚决捍卫党和国家长远利益、人民群众根本利益,坚持教育为人民服务、为中国共产党治国理政服务、

---

[1] 坚持党对教育事业的全面领导. 中国教育报,2018-09-13.

为巩固和发展中国特色社会主义制度服务、为改革开放和社会主义现代化建设服务，确保教育的社会主义性质和正确政治方向。

（三）坚持党的领导才能保证教育改革创新的高效推进

教育改革创新是中国特色社会主义改革发展的有机组成部分，坚持党对教育事业的全面领导，是教育改革创新高效推进的重要保证。教育改革的过程伴随着教育资源的重新配置和教育利益的调整，顶层设计是否科学合理、改革方案是否符合教育规律、创新举措是否符合人民利益等都是影响教育改革创新能否顺利推进的重要因素。中国共产党以马克思主义为指导，结合中国实际开创了中国特色社会主义发展道路，领导中国教育事业取得快速发展和巨大成就。尤其是党的十八大以来，以习近平同志为核心的党中央进一步加强了党对教育的领导，出台了一系列推动教育创新的重大方针政策和重大举措，推动中国特色社会主义教育事业发生历史性变革。实践证明，坚持党对教育事业的全面领导是做好教育工作的根本保证。当前，我国教育改革进入深水区，所面临的各种问题纷繁复杂，必须整体谋划、精心设计、合理推进。只有坚定不移地坚持党对教育事业的全面领导，坚持用马克思主义科学理论指导教育改革实践，坚持以人民为中心发展教育、创新教育，才能掌握改革的主动权和主导权，才能保证教育改革创新的正确方向和高效实施。要做好当前和今后一个时期教育工作，就必须以习近平新时代中国特色社会主义思想为指导，全面贯彻党的教育方针，坚持马克思主义指导地位，坚持中国特色社会主义教育发展道路，坚持社会主义办学方向，把党对教育事业的全面领导贯彻好、落实好。

(四）坚持党的领导才能充分凝聚全社会力量，合力推动教育发展

教育关系到千家万户的切身利益，也关系到一个民族和国家的前途命运[①]。扎根中国大地办教育需要大力发展社会主义民主政治，充分调动全社会力量共同参与、合力推进。人民代表大会制度、中国共产党领导的多党合作和政治协商制度为发展社会主义民主政治、凝聚全社会力量推动教育发展提供了坚实的制度保障，彰显了社会主义制度的优越性。中国共产党始终代表中国先进社会生产力的发展要求，始终代表中国先进文化的前进方向，始终代表中国最广大人民的根本利益，坚持中国共产党的领导是充分发挥社会主义制度优越性的根本所在。改革开放以来，尤其是党的十八大以来我国教育发展的实践表明，坚持中国共产党的领导保证了社会各阶层、各民主党派和无党派人士最广泛参与教育，保证了最广大人民的教育利益和需求的充分表达。习近平总书记强调："在中国，发展社会主义民主政治，保证人民当家作主，保证国家政治生活既充满活力又安定有序，关键是要坚持党的领导、人民当家作主、依法治国有机统一。"[②] 党在教育事业发展中发挥着总揽全局、协调各方的作用。坚持党对教育事业的全面领导，是充分发挥党的理论优势、政治优势、组织优势、制度优势和密切联系群众优势，有效地调节社会利益关系，整合不同利益群体的要求，凝聚各类社会力量，共同促进教育改革创新的根本保证。扎根中国大地办教育要始终坚持党的领导，坚持党管办学方向、管改革发展、管干部、管人才，把党的教育方针全面

---

① 全社会共同担负起办好教育的责任．中国教育报，2018-09-22．
② 习近平．在庆祝全国人民代表大会成立60周年大会上的讲话．人民日报，2014-09-06．

贯彻到学校工作各方面,使教育领域成为党领导的坚强阵地①。

六、坚定文化自信是扎根中国大地办教育的力量源泉

文化自信是发自内心地对自身文化价值、能力和前途的充分肯定,是对自身文化生命力的坚定信念,是一种内在的精神力量。2016年5月17日,习近平总书记在北京主持召开哲学社会科学工作座谈会时强调:"坚定中国特色社会主义道路自信、理论自信、制度自信,说到底是要坚定文化自信,文化自信是更基本、更深沉、更持久的力量。"2016年7月1日,在庆祝中国共产党成立95周年大会上,习近平总书记再次指出"文化自信,是更基础、更广泛、更深厚的自信"。2021年7月1日,在庆祝中国共产党成立100周年大会上,习近平总书记指出要坚定"四个自信",要继续弘扬光荣传统,赓续红色血脉,永远把伟大的建党精神继承下去,发扬光大!坚定的文化自信,就是对植根于中国特色社会主义伟大实践的中国特色社会主义文化的自信。5 000多年的悠长历史孕育了优秀传统文化和革命文化、社会主义先进文化,共同代表了中华民族独特的精神标识。坚定文化自信就要坚定对中华民族5 000多年来孕育的中华优秀传统文化的自信、对党领导人民在民族解放和人民革命过程中形成的革命文化的自信、对在社会主义建设时期探索形成的社会主义先进文化的自信②。"没有高度的文化自信,没有文化的繁荣兴盛,就没有中华民族伟大复兴",坚定文化自信是扎根中国大地办教育的力量源泉。

---

① 檀慧玲,万兴睿,罗良. 坚持扎根中国大地办教育. 中国高等教育,2019 (6):10-12.
② 文化自信是更基本更深沉更持久的力量. 求是,2019 (12):13-20.

（一）中华优秀传统文化是扎根中国大地办教育的精神源泉和重要力量

文化作为一种精神符号和价值认同，是民族之基、兴国之魂、力量之源①。坚持扎根中国大地办教育是坚定的文化自信在教育领域的集中体现。习近平总书记在庆祝中国共产党成立95周年大会上强调："全党要坚定道路自信、理论自信、制度自信、文化自信。""文化自信，是更基础、更广泛、更深厚的自信。"中国特色社会主义道路立足于中华民族5 000多年悠久文明，是在中国共产党领导全国人民自强不息、从弱到强的发展实践中探索出来的，具有深厚的历史渊源和广泛的现实基础。中国自古以来不仅有古代四大发明等无数人民智慧的结晶，也始终有重视教育、发展教育的优秀传统。建国君民、教学为先的重教传统，为政以德、以德主教的思想主张，仁智统一、德才兼备的人才理念，有教无类、追求公平的共同价值，因材施教、教学相长的育人之道，等等，都对我国教育发展产生了重要而深远的影响，也对世界教育发展具有积极的借鉴和启迪，做出了独特的贡献。从春秋战国时期百家争鸣的孔子、孟子、荀子等人，到西汉的董仲舒，唐代的韩愈，宋代的王安石、朱熹、陆九渊，明代的王守仁，清末的严复，近代的教育家蔡元培、梁启超、黄炎培、陶行知等，他们的教育思想与实践不仅是中国教育发展史上浓墨重彩的篇章，也为我们在新时代发展教育事业、建设教育强国提供了丰厚的滋养。中华优秀传统文化，特别是优秀的教育传统所具有的丰富蕴含与精髓旨要不仅铸就了中国教育发展的历史辉煌，在世界教育发展史上独

---

① 以社会主义先进文化凝聚育人力量. 中国教育报，2019 - 11 - 12.

树一帜，而且时至今日仍然闪耀着时代的光芒，是我们坚定文化自信、扎根中国大地办好教育的精神源泉和重要力量。扎根中国大地办教育就是要深深植根于中华优秀传统文化的历史土壤中，不断汲取优秀传统文化的营养，大力继承和发扬其精华，并结合当时当境，不断进行创造性转化和创新性发展，努力开拓出新的辉煌。

（二）革命文化为扎根中国大地办教育提供了强大精神力量

在中国革命、建设和改革的长期实践中，党领导人民创造了鲜明独特、奋发向上的革命文化。从井冈山精神、长征精神、延安精神、西柏坡精神，到雷锋精神、大庆精神、"两弹一星"精神，再到载人航天精神、北京奥运精神、抗震救灾精神、抗疫精神等，这些富有时代特征、民族特色的宝贵财富，不断推动着中华民族的文化再生与再造，丰富了中国文化的精神和内涵，激励着一代又一代中华儿女为实现中华民族的伟大复兴而奋斗拼搏、砥砺前行，为中国特色社会主义教育发展提供了强大精神力量。应当认识到，革命文化孕育于中国共产党人为中国人民谋幸福、为中华民族谋复兴的初心，形成于中国革命和中国特色社会主义建设实践中，是中华民族优秀传统文化与中国革命与建设伟大实践相结合的产物，是中国共产党和中国人民创造精神的体现和智慧的结晶。"文化的力量是贯穿人类社会历史演进的经络，是一个国家和民族的进步之魂。"[①] 革命文化具有革命性、民族性、大众性、时代性、创新性等精神特质，是激励中国人民克服一切艰难险阻、不断走向胜利的精神力量，是中华民族立足当代、走向未

---

① 潘宏. 论革命文化的时代价值. 光明日报，2018 - 10 - 09.

来实现中华民族伟大复兴的"根"和"魂"。在中国特色社会主义新时代，革命文化依然呈现出强大的生命力，为坚持扎根中国大地办教育，落实"立德树人"根本任务，培养担当民族复兴大任的时代新人提供了强大精神力量。革命文化所培育出的各种革命斗争精神、爱国奉献情怀、理想价值观念等，对于落实立德树人、培养社会主义核心价值观和繁荣社会主义文化等提供了精神支持和巨大动力。

（三）社会主义先进文化在扎根中国大地办教育中发挥着强大的引领和推动作用

社会主义先进文化，是以马克思主义为指导，继承和弘扬中华优秀文化传统和五四运动以来形成的革命文化传统、吸收借鉴世界优秀文化成果、集中体现全国各族人民在新的历史条件下的精神追求，始终代表着当代中国发展前进方向的文化。党的十九届四中全会提出，坚持和完善繁荣发展社会主义先进文化的制度，巩固全体人民团结奋斗的共同思想基础。社会主义先进文化始终以马克思主义为指导，坚持人民立场，是面向现代化、面向世界、面向未来的，民族的科学的大众的社会主义文化，集中体现着社会主义制度的优越性，在扎根中国大地办教育中发挥了强大的引领和推动作用。

马克思主义是社会主义先进文化的重要思想来源和基础。习近平总书记在纪念马克思诞辰200周年大会上指出："两个世纪过去了，人类社会发生了巨大而深刻的变化，但马克思的名字依然在世界各地受到人们的尊敬，马克思的学说依然闪烁着耀眼的真理光芒！"社会主义先进文化始终大力宣扬科学知识、科学方法、科学思想和科学精神，马克思主义的立场、观点和方法不仅为社会主义先进文化建设指明了方向，对于办好教育工作也提供了强大引领。中国特色社会主义进入新时代，教育以凝聚人心、完善人格、开发人力、培育人才、造福人民为工作目标。社会主义先进文化充分体现人民的利益和愿望，满足人民多层次、多方面的精神需要，有助于统一社会各界思想认识，汇聚各方面育人资源，为扎根中国大地办教育提供强大支持。

社会主义先进文化形成于中国特色社会主义发展实践中，对社会主义先进文化的自信就是对中国特色社会主义道路和制度的自信。只有大力发展社会主义先进文化，以先进文化体系建设引领和推动教育改革创新，才能充分发挥社会主义制度的优越性，最广泛凝聚教育资源、激发教育活力，为扎根中国大地办教育提供不竭动力。

发展具有中国特色、世界水平的现代教育

中国特色、世界水平的现代教育，是"两个一百年"奋斗目标和中华民族伟大复兴中国梦的重要组成部分。发展具有中国特色、世界水平的现代教育必须传承中华优秀传统文化、扎根中国大地、践行中国特色社会主义道路、服务国家发展。我国有独特的历史、独特的文化、独特的国情，这决定了我国必须走自己的教育发展道路，扎实办好具有中国特色、世界水平的现代教育。

坚持扎根中国大地办教育，必须以党的领导为根本保证，以遵循教育规律为基本原则，以立足国情民情为基本出发点，把坚持社会主义办学方向作为根本要求，立足中国国情民情，以坚定的文化自信为力量源泉，深深扎根于中国历史、中国文化与中国教育实践中，办具有中国特色、世界水平的现代教育，加快教育现代化，推动我国从教育大国向教育强国转变，实现中华民族伟大复兴的中国梦。中国特色、世界水平的现代教育是在党的领导下，立足国情民情、坚持以人民为中心、坚持中国特色社会主义发展道路实现为党育人、为国育才的教育；中国特色、世界水平的现代教育是促进人的全面发展、释放每个人的潜能、满足现代社会发展需要的公平而有质量的教育；中国特色、世界水平的现代教育是具有国际视野，以宽广的胸怀、平等包容互鉴的态度对待其他国家教育，促进人类文明共同进步，推动构建人类命运共同体的教育。

一、坚持扎根中国大地办中国特色教育

由于历史原因，近代以来我们的教育一直坚持向西方学习，

尤其是改革开放以后大量西方教育教学理论、模式和办学理念被引入国内。但是常常出现"水土不服""不伦不类"等教育现象，究其原因在于脱离了中国实际发展教育，失掉了中国特色。中国国情的复杂性、地域发展的不平衡性、特有的历史文化背景都决定了，要解决中国的教育问题，必须扎根中国的土壤，立足中国政治、经济和文化实际找到一条符合中国国情的解决方案。中国教育发展的成功经验之一就是要一切从中国实际出发，坚持走中国特色之路，"继承而不守旧，借鉴而不照搬，追赶而不追随"，开辟中国特色社会主义教育发展道路。实践表明：坚持特色，中国教育才有出路；丰富特色，中国教育方有发展。扎根中国大地办教育就是要基于对中国国情的准确体察，探索中国教育实践，总结中国教育发展经验，准确把握教育发展规律，围绕现实问题和时代需求办教育；要全面把握中国新时代背景，立足中国需求，面向中国问题，解决中国矛盾，满足中国需求，发展公平而有质量的中国特色教育。《国家中长期教育改革和发展规划纲要（2010—2020年）》提出"把促进公平作为国家基本教育政策"，"把提高质量作为教育改革发展的核心任务"。2015年的政府工作报告明确将"促进教育公平发展和质量提升"作为教育发展的主要任务和方向，并赋予教育公平新的内涵——有质量的教育公平，有质量的教育公平成为时代的新诉求[①]。当前，中国特色社会主义进入新时代，教育改革已经进入深水区和攻坚期，我国人民对公平而有质量的教育的追求与教育发展不平衡不充分的矛盾愈发凸显，必须以办人民满意的教育为目标，坚持扎根中国大地办中国特色教育，从全局出发，准确把握变化发展的教育实际，统筹

---

① 檀慧玲，刘艳. 国家义务教育质量监测：实现有质量的教育公平的有效途径. 中国教育学刊，2016（1）：50-53.

协调各项政策，妥善协调与处理政策之间延续性与创新性的关系，从而形成政策合力，进一步推进新时代我国教育改革创新的不断深入和发展。

（一）扎根中国大地办促进公平的中国特色教育

教育公平是社会公平的重要基础。促进教育公平，是马克思主义教育理论的重要价值目标，也是中国共产党人始终不懈的历史追求[①]。教育公平是教育的底线，坚持教育的公益性和普惠性、大力促进教育公平是中国特色社会主义教育的显著特征。《国家中长期教育改革和发展规划纲要（2010—2020年）》明确提出"把促进公平作为国家基本教育政策"。党的十八大以来，党和国家始终坚持从人民立场出发，不断加大对农村地区的教育投入，充分利用信息化建设促进优质教育资源共享，努力缩小东西部之间和城乡之间的教育差距，推动教育均衡发展，促进教育公平。中国特色社会主义进入新时代，教育领域的主要矛盾转变为人民群众对更好更公平教育的需要和不平衡不充分的教育发展之间的矛盾，教育公平的关键也从过去追求教育机会公平实现"有学上"转变为追求教育结果公平实现"上好学"。扎根中国大地促进教育公平要立足中国国情民情，面对人民群众的实际需求，把扶持最困难群体作为优先任务，把合理配置教育资源作为根本措施，守住底线、补齐短板，精准实施教育扶贫，加快缩小城乡、区域、校际、群体教育发展差距，努力让每个适龄儿童少年都能享受公平而有质量的教育，让每一个孩子都有人生出彩的机会，都能实现个人的梦想和追求。扎根中国大地办教育，彰显教育的公益性，不能

[①] 吴德刚. 促进教育公平成为国家基本教育政策的重大意义. 中国教育报，2010-12-13.

容忍教育不公,不能让贫困代际持续循环,不能走一些国家教育市场化道路①。这就要求中国教育必须充分体现社会主义制度的本质特征,把促进教育公平作为国家教育基本政策和政府首要职责,努力推动"有质量的教育公平",完善基本教育公共服务体系,推进义务教育学校标准化建设,促进城乡教育一体化,振兴中西部教育,全面发展民族教育,办好特殊教育,完善贫困生资助体系,办好人民满意的教育。

一要加大资源倾斜力度和政策支持力度,健全对老少边穷岛地区的对口支援机制,大力改善乡村地区办学条件,推动城乡义务教育一体化发展。"公共教育资源配置公平,既是教育机会公平的重要途径,也是教育公平的更高层次要求。"② 持续加大对教育关键领域和薄弱环节的资源倾斜力度和政策支持力度,合理配置教育资源尤其是以财政投入为主的公共教育资源,坚持向革命老区、民族地区、边远地区、乡村地区、岛屿地区等教育薄弱地区倾斜。制定完善教育薄弱地区重点扶持政策,充分发挥现有优质教育资源和各类社会教育资源的作用,建立健全面向老少边穷岛地区的对口支援机制,稳步缩小区域教育发展差距。推进农村学校标准化建设,加大中央财政支持力度,完善中央—省—县三级财政配套拨款制度,尽快改善和优化乡村地区义务教育薄弱学校基本办学条件,使之统一达到国家基本标准。统筹推进县域内城乡义务教育一体化发展,合理规划城乡义务教育学校布局建设,统筹城乡教育资源配置,努力提高乡村教育质量,缩小城乡教育差距,实现城乡义务教育一体化发展。

二要优先加强乡村地区的教师队伍建设,通过实施乡村教师

---

① 曾铁山. 践行中国特色教育的思考. 光明日报,2016-04-05.
② 本书编写组. 新思想·新观点·新举措. 北京:学习出版社,2012.

支持计划等支持性政策，全面提升教师队伍整体素质。教师是立教之本、兴教之源。教师数量不足、质量不高的问题是阻碍乡村地区教育发展和质量提升的重要影响因素。加强乡村地区教师队伍建设是缩小城乡师资水平差距，让每一个乡村孩子都能够接受公平而有质量的教育的重要措施。2015年，国务院发布《乡村教师支持计划（2015—2020年）》，从全面提高乡村教师思想政治素质和师德水平、拓展乡村教师补充渠道、提高乡村教师生活待遇、统一城乡教职工编制标准、职称（职务）评聘向乡村学校倾斜、推动城镇优秀教师向乡村学校流动、全面提升乡村教师能力素质、建立乡村教师荣誉制度等八个方面全面加强乡村教师队伍建设。在各级政府的不断努力下，乡村教师队伍建设取得了明显成效，教师补充渠道不断拓宽、待遇显著提高、能力素质有所提升[①]。但是也应该看到，乡村地区的教师问题依旧非常突出，条件艰苦、交通不便、待遇较差等导致乡村地区教师数量不足、队伍不稳定、优秀教师稀缺等，严重影响到乡村地区的教育发展。各级党委、政府及教育部门要充分认识教师队伍对缩小城乡教育差距、促进教育公平的极端重要性，坚持把教师队伍建设作为教育事业发展最重要的基础工作来抓。重视补短板、强弱项，优先加强对乡村地区教师队伍建设的支持力度，多措并举为乡村地区加快教育发展保障师资，努力造就一支素质优良、甘于奉献、扎根农村的乡村教师队伍。

三要全面实施乡村教育振兴。治贫先治愚，扶贫先扶智。通过教育把乡村地区孩子培养出来，是阻断贫困代际传递、拔除穷根的治本之策。要不断完善乡村教育振兴工作机制，进一步探索

---

① 乡村教师队伍建设的成效与困难. 中国教育报, 2018-07-10.

创新乡村教育振兴的方法路子，精准聚焦乡村地区和贫困家庭学生的实际问题，精准发力施以有效对策。控辍保学是乡村教育振兴的重要基石。"不让一个学生因为家庭经济困难而失学"，这是党和政府做出的庄严承诺。要逐步健全国家资助政策体系，有效全面覆盖各级各类学校的困难群体，实现资助政策全覆盖[①]，为阻断贫困代际传递夯实根基。要重点关注家庭贫困学生，通过多种渠道完善贫困学生资助体系，加大对家庭经济困难学生的资助力度，努力不让一个孩子因家庭经济困难而失学，保证贫困家庭子女受教育权，为贫困学生家庭解除后顾之忧。

四要进一步补齐短板，办好特殊教育、网络教育，让每个孩子都能享有公平而有质量的教育。进入新时代，人民群众不仅关注受教育机会，也更加注重教育质量，不但要"有学上"，还要"上好学"。要立足当前、着眼长远，聚焦教育发展的突出问题和薄弱环节，不断破解教育领域存在的难题和短板，多措并举优化教育发展环境、丰富扩大优质教育资源供给，补齐教育短板、夯实发展基础。要办好特殊教育，切实保障残疾人享有平等受教育权，不断提高残疾人受教育水平。要加强特殊教育教师队伍建设和特殊教育中心与学校建设，严格按照"全覆盖、零拒绝"的要求，多途径保障适龄残疾儿童接受义务教育的权利。要不断推进融合教育，健全随班就读相关工作机制，着力破解限制随班就读发展的障碍，保证所有儿童一起健康成长。要大力发展网络教育，创新"互联网＋"教育教学模式，理顺体制机制，扩大优质教育资源供给与分享，逐步缩小区域、城乡数字差距，大力促进教育公平，让亿万孩子同在蓝天下共享优质教育、通过知识改变命运。

---

① 陈宝生. 优先发展儿童教育　阻断贫困代际传递. 光明日报，2018－11－30.

（二）扎根中国大地办高质量的中国特色教育

改革开放以来，我国教育事业发展取得巨大成就，人民群众对高质量教育的需求日益迫切。教育质量是教育的生命线，不仅与人的全面发展和人民幸福息息相关，更与为党和国家培养社会主义建设者和接班人、与实现中华民族伟大复兴命运相连。提升质量是教育的要义，扎根中国大地办教育就要办高质量的中国特色教育，这不仅是中国社会主义教育的本质要求，更是新时代的历史使命。

一要打好教育改革攻坚战，不断完善中国特色社会主义教育制度体系，为实现中华民族伟大复兴打牢人才根基。改革是教育事业发展的根本动力。当前，我国教育改革进入深水区，教育发展面临着一些长期存在的老大难问题和事关未来的发展性问题，必须大力推进教育改革创新，才能使我国教育越办越好、越办越强。习近平总书记强调，坚决破除制约教育事业发展的体制机制障碍，要加快构建整体提升教育水平的体制机制。习近平总书记指出，要努力构建德智体美劳全面培养的教育体系，形成更高水平的人才培养体系。要把立德树人融入思想道德教育、文化知识教育、社会实践教育各环节，贯穿基础教育、职业教育、高等教育各领域，学科体系、教学体系、教材体系、管理体系要围绕这个目标来设计，教师要围绕这个目标来教，学生要围绕这个目标来学，凡是不利于实现这个目标的做法都要坚决改过来[1]。为此，要深化教育体制机制改革，促进学前教育普惠发展、义务教育城乡一体化发展、普通高中多样化有特色发展、高等教育内涵式发

---

[1] 习近平.坚持中国特色社会主义教育发展道路　培养德智体美劳全面发展的社会主义建设者和接班人.人民日报，2018-09-11.

展，加强普通高中育人方式改革，坚决改变唯分数、唯升学、唯文凭、唯论文、唯帽子的教育评价导向，积极稳妥推进高考改革；要促进民办教育健康发展，建立分类管理制度，实行差别化扶持政策，支持和规范社会力量兴办教育；要办好继续教育，构建终身教育体系，加快推动学习型社会建设，大力提高国民素质；要完善职业教育和培训体系，深化产教融合、校企合作，健全德技并修、工学结合的职业教育育人机制；要完善教育立法和实施机制，提升教育法治化水平，系统推进育人方式、办学模式、管理体制、保障机制改革；要提升学校的人才培养质量，推动各级各类教育内涵式发展，加强课堂教学建设，创新人才培养机制，培养卓越拔尖人才。

二要不断推进我国教育现代化。教育现代化是教育高水平发展的状态，提高教育质量必须走教育现代化发展之路。中国特色社会主义进入新时代，教育的基础性、先导性、全局性地位和作用更加凸显。加快向创新型国家迈进，建设现代化经济体系，建设富强民主文明和谐美丽的社会主义现代化强国，实现中华民族伟大复兴的中国梦，满足人民美好生活的需要，必须加快教育现代化，把我国建设成为教育强国[①]。面对新一轮科技革命和产业革命带来的社会生产变革，以及互联网、人工智能等新技术对教育形态、教和学关系等带来的深刻影响，结合新时代我国社会政治经济发展现状和教育领域主要矛盾的变化，2018年9月10日习近平总书记在全国教育大会上发表重要讲话，系统回答了关于教育现代化的重大理论和实践问题，对加快教育现代化、建设教

---

① 绘制新时代加快推进教育现代化建设教育强国的宏伟蓝图：教育部负责人就《中国教育现代化2035》和《加快推进教育现代化实施方案（2018—2022年）》答记者问. 人民日报，2019-02-24.

育强国、办好人民满意的教育做出了全面部署。要抓住机遇，超前布局，以更高远的历史站位、更宽广的国际视野、更深邃的战略眼光，对加快推进教育现代化、建设教育强国做出总体部署和战略设计，推动我国教育不断朝着更高质量、更有效率、更加公平、更可持续的方向前进。2019年初，中共中央、国务院印发《中国教育现代 2035》和《加快推进教育现代化实施方案（2018—2022年）》。前者为新时代开启教育现代化建设新征程指明了方向，后者明确了未来五年的具体目标任务和工作抓手，二者共同构成了我国教育现代化的顶层设计和行动方案。落实中央统一部署，大力推进教育现代化，有效提升教育质量，要通过培养高素质教师队伍、统筹推进世界一流大学和一流学科建设、积极创建绿色学校，着力振兴中西部高等教育，全面加强"一带一路"沿线国家教育合作，不断提升我国教育综合实力和国际竞争力，努力实现教育发展重点由注重规模扩张向更加注重结构优化转变、发展方式由注重刚性保障向更加注重弹性供给转变、发展要求由注重达标考核向更加注重特色品牌转变、发展取向由注重学校建设向更加注重师生成长转变、发展评价由注重水平高低向更加注重人民满意转变[①]。

二、坚持扎根中国大地办以人民为中心的教育

以人民为中心，是党的根本宗旨的集中体现，是习近平新时代中国特色社会主义思想的价值内核，是社会主义经济、政治、文化、社会、生态文明等各方面建设的价值导向和根本遵循[②]。

---

① 葛道凯. 推进教育现代化需要实现"五个转变". 江苏教育报，2019-02-14.
② 闵永新. 坚持"以人民为中心"开启教育新征程. 红旗文稿，2018（24）：28-29.

人民是历史的创造者。一切成就都归功于人民，一切荣耀都归属于人民。面向未来，要战胜前进道路上的种种风险挑战，顺利实现党的十九大描绘的宏伟蓝图，必须紧紧依靠人民。正所谓"大鹏之动，非一羽之轻也；骐骥之速，非一足之力也"。中国要飞得高、跑得快，就得汇集和激发14亿多人民的磅礴力量①。坚持扎根中国大地办教育，必须依靠人民、为了人民、以人民为中心，充分发挥广大人民的积极性、主动性，要办人民满意的教育、办更高质量更加公平的教育，要加强党的领导，深化教育体制机制改革，将促进人的全面发展作为教育的具体目标。

（一）坚持以满足人民的教育需要为教育工作的出发点和落脚点

在党的十九大报告中，习近平总书记将"办好人民满意的教育"作为教育事业发展的方向和目标。坚持以人民为中心发展教育，要以人民满意为尺度，从人民利益出发谋划思路、制定举措、推进落实②。扎根中国大地办教育，必须依靠人民群众，发挥人民群众的主体力量。人民群众是教育发展的主体，是教育改革的实践主体，是教育改革政策的检验者，是推动教育改革创新的根本力量。扎根中国大地办教育，要尊重人民的主体地位，善于从人民群众的主动创造中汲取智慧，发挥人民群众的首创精神，开拓进取，奋发有为，不断根据变化发展的实际丰富和发展教育理论与教育实践。扎根中国大地办教育，必须以人民为中心，提高人民群众的教育获得感。人民群众对教育的期待是教育改革与发展的根本方向，人民群众的根本利益是教育改革的落脚点。发展

---

① 习近平. 一个国家、一个民族不能没有灵魂. 求是，2019（8）：4-8.
② 闵永新. 坚持"以人民为中心"开启教育新征程. 红旗文稿，2018（24）：28-29.

以人民为中心的教育，要扎根中国大地，把握以人民为中心的价值取向，践行全心全意为人民服务的根本宗旨，把党的群众路线贯穿到发展教育事业的进程中，把人民对美好生活、优质教育的向往作为奋斗目标，着力解决教育发展不平衡不充分问题，扩大优质资源供给，依靠人民创造教育伟业，办好人民满意的教育。办好人民满意的教育，必须把握新形势新任务提出的新要求。需要注意的是，办好人民满意的教育，并不是仅仅满足人们短期的教育需求，而是要通过体制机制创新、提高教育质量、促进教育公平来引导和满足根本性的教育需求。

（二）坚持发展更高质量更加公平的教育

"只有视教育为民生之基，把人民群众对公平而有质量的教育需求作为奋斗目标，才能适应新时代中国特色社会主义建设由高速增长阶段进入高质量发展阶段对人才培养的要求，真正把教育发展成果普惠于全体人民。"① 以人民为中心发展教育，要不断深化体制机制改革，不断促进教育公平、提高教育质量。2016年9月，习近平总书记在北京市八一学校考察时指出，教育公平是社会公平的重要基础，要不断促进教育发展成果更多更公平惠及全体人民，以教育公平促进社会公平正义。社会主义就是要追求全体人民共同幸福，发展社会主义教育，不仅要保障人民群众的受教育权利，更要让全体人民享受教育发展成果，包括机会公平、过程公平、结果公平在内的教育公平是中国特色社会主义教育的基本要求，扎根中国大地办教育必须努力促进教育公平。根据新时代我国教育发展的实际，要在持续均衡发展九年义务教育的同

---

① 闵永新. 坚持"以人民为中心"开启教育新征程. 红旗文稿，2018（24）：28-29.

时加大对基础教育的支持力度，并适度扩大义务教育年限，将学前教育、高中教育逐步纳入国家支持保障范围，使人民享受到越来越多的教育成果。教育质量是教育的生命线，与切实落实教育公平息息相关。现阶段，要以乡村教育振兴为重点，通过加强教师队伍建设、改善学校办学条件、贫困家庭学生资助、控辍保学、招生倾斜等举措促进乡村地区教育发展，努力提高乡村地区教育质量，使全国人民能够同在一片蓝天下共享优质教育，从而缩小城乡教育差距，实现教育均衡发展。教师质量是决定教育质量的第一要素，要不断提高教育质量尤其是教师队伍质量。习近平总书记在全国教育大会上指出，随着办学条件不断改善，教育投入要更多向教师倾斜，不断提高教师待遇，让广大教师安心从教、热心从教。他同时强调，全党全社会要弘扬尊师重教的社会风尚，努力提高教师政治地位、社会地位、职业地位，让广大教师享有应有的社会声望，在教书育人岗位上为党和人民事业做出新的更大的贡献。

（三）要全面加强党的领导，不断深化教育领域综合改革

以人民为中心和坚持党的领导两者之间有着十分密切的关系，无论是发展方向还是发展动力和发展路径，都具有高度的一致性。"人民对美好生活的向往，就是我们的奋斗目标。"① 党是最广泛人民利益的代表，全心全意为人民服务是党的根本宗旨，为人民谋幸福、为国家谋富强、为民族谋复兴是中国共产党成立以来矢志不渝的奋斗目标和价值追求。"一切为了群众，一切依靠群众，从群众中来，到群众中去"的群众路线是党的根本工作路线。党

---

① 习近平. 习近平谈治国理政. 北京：外文出版社，2014：3.

的十九大报告指出,"坚持以人民为中心。人民是历史的创造者,是决定党和国家前途命运的根本力量",充分体现了中国共产党立党为公、执政为民的执政理念。坚持和加强党的领导是以人民为中心发展教育、办人民满意教育的基础和保证。只有坚持党的领导才能始终保持同人民群众的血肉联系,最广泛人民的教育利益才能切实得到体现和维护,人民的教育需求才能得到最大满足,发展以人民为中心的教育才能切实得到落实。当前,我国教育改革发展进入深水区,遇到的问题根深蒂固、盘根错节,需要多个政府部门之间的跨部门合作,需要各类社会力量的积极参与和多方联动。要突破传统体制机制的束缚,创新解决教育中的"老大难"问题,需要始终以正确方向为引导、以凝聚各方力量为基础、以强有力的协调统筹作支持,这些都必须依靠党的领导。习近平总书记在全国教育大会上指出,要坚持把优先发展教育事业作为推动党和国家各项事业发展的重要先手棋。各级党委要把教育改革发展纳入议事日程,党政主要负责同志要熟悉教育、关心教育、研究教育。中国特色社会主义进入新时代,坚持党的领导是办好我国教育工作的根本保证。社会各部门要充分认识到教育作为民族振兴、社会进步的重要基石的战略地位,牢牢坚持"东西南北中,党是领导一切的",积极在党的领导下有效开展跨部门合作,形成合力,从根本上破解制约教育改革发展的体制机制障碍,不断深化教育领域综合改革。

(四)以促进全体学生的全面发展为教育发展目标

教育要"促进人的全面发展",是马克思主义教育理论关于教育本质与作用的基本认识。党的十八大以来,习近平总书记站在新时代治国理政的高度发表了一系列关于教育的重要论述,提出坚持扎根中国大地办教育，以人民为中心发展教育，办人民满意的教育。这是马克思主义中国化的最新成果，将教育的普遍属性特征与社会主义教育的独特性特征进行融合，对马克思主义教育理论关于教育本质与作用的认识进一步深化，不仅丰富了"人的全面发展"的内涵，而且将对教育的本质与作用的认识从"促进人的全面发展"提升到"为人民谋幸福"的高度。习近平总书记非常重视劳动教育对人的发展的作用，将长期以来坚持的"德智体美全面发展"发展为"德智体美劳"五个方面的全面发展，提出要努力构建"德智体美劳"全面培养的教育体系。与此同时，习近平总书记还将教育的促进人的全面发展的属性特征扩展到全体学生，将人的全面发展与充分发展、个性发展融合到一起，提出要让全国儿童同在一片蓝天下共享优质教育，促进全体学生共同发展的思想，将人民满意作为衡量教育发展的标准，充分体现了党一贯坚持的人民立场。当前我国已进入全面建设现代化的重要时期，党和国家对于高素质人才的需求前所未有地迫切，教育承担着培养社会主义建设者和接班人的重任。扎根中国大地办教育要努力发展中国特色社会主义教育、以人民为中心发展教育，要努力促进全体学生都能够得到全面发展、充分发展、个性发展，为国家富强和民族复兴培养大批高素质人才。

三、坚持扎根中国大地办社会主义教育

《礼记·大学》说："大学之道，在明明德，在亲民，在止于至善。"古今中外，关于教育和办学，思想流派繁多，理论观点各异，但在教育必须培养社会发展所需要的人这一点上是有共识的。培养社会发展所需要的人，说具体了，就是培养社会发展、知识

积累、文化传承、国家存续、制度运行所要求的人。所以,古今中外,每个国家都是按照自己的政治要求来培养人的,世界一流大学都是在服务自己国家发展中成长起来的[①]。我国是中国共产党领导的社会主义国家,扎根中国大地要大力发展社会主义教育,必须始终以马克思主义为指导,坚持社会主义办学方向;必须把立德树人作为教育的根本任务,把培育和践行社会主义核心价值观融入教学育人全过程,培养德智体美劳全面发展的社会主义建设者和接班人;必须坚持教育与生产劳动相结合,加快推进教育现代化,走中国特色教育发展之路。

(一) 以马克思主义为指导,坚持社会主义办学方向

实践证明,马克思主义是科学的理论、人民的理论、实践的理论、不断发展的开放的理论,是我们党和国家的指导思想,是我们认识世界、把握规律、追求真理、改造世界的强大思想武器。扎根中国大地办教育,要始终坚持马克思主义的指导地位,坚持党对教育事业的全面领导,全面贯彻落实党的基本教育方针,用马克思主义中国化最新成果武装全党、全体人民,推动教育改革发展,这是发展社会主义教育的重要前提。党的十八大以来,习近平总书记发表了一系列关于教育的重要论述,极大地丰富和发展了中国特色社会主义教育理论,是教育领域马克思主义中国化的最新成果。扎根中国大地办社会主义教育,必须坚持以习近平新时代中国特色社会主义教育理论为指导,牢固树立"四个意识",坚定"四个自信",把马克思主义作为中国特色社会主义教育最鲜亮的底色,各级各类教育要坚持社会主义办学方向,坚持

---

① 习近平. 在北京大学师生座谈会上的讲话. 人民日报,2018 - 05 - 03.

教育为人民服务，为中国共产党治国理政服务，为巩固和发展中国特色社会主义制度服务，为改革开放和社会主义现代化建设服务。这是协调推进"五位一体"总体布局和"四个全面"战略布局的要求，是教育服务人的发展和服务社会发展的统一，是我国教育的社会主义性质和方向的反映。办好中国的事情，关键在党。中国共产党是中国特色社会主义教育事业的领导核心。扎根中国大地办社会主义教育，必须坚持党对各级各类学校的全面领导，牢牢掌握党对学校工作的领导权，让学校成为坚持党的领导的坚强阵地，把"培养德智体美劳全面发展的社会主义建设者和接班人"作为教育工作的根本任务，培养一代又一代拥护中国共产党领导和我国社会主义制度、立志为中国特色社会主义奋斗终身的有用人才。要坚持"以人民为中心发展教育"，加大对老少边穷岛地区的支持力度，大力促进教育公平，提高教育质量，让全国人民群众能够分享教育发展成果，在教育上有获得感；让每个孩子都能享受公平而有质量的教育，都有人生出彩的机会。要努力构建德智体美劳全面培养的教育体系，充分发挥课堂育人主渠道和实践育人的作用，坚持知行合一、学以致用，通过"综合协同育人"培养德智体美劳全面发展的能够担当民族复兴大任的时代新人。

（二）把立德树人作为教育的根本任务，加强理想信念教育，培养社会主义建设者和接班人

为谁培养人是教育的根本问题，我国是中国共产党领导的社会主义国家，这就决定了中国特色社会主义教育要培养社会主义建设者和接班人，要为党育人、为国育才。要牢牢把握学校意识形态工作领导权、管理权、话语权，贯彻落实立德树人根本任务，

坚持马克思主义指导地位不动摇，坚持不懈传播马克思主义科学理论。习近平新时代中国特色社会主义思想就是当代中国的马克思主义，要深入学习贯彻习近平总书记系列重要讲话精神，要培育和践行社会主义核心价值观，发挥社会主义核心价值观对国民教育的引领作用，为学生成长奠定科学的思想基础。要把立德树人、社会主义核心价值观教育置于人才培养的核心与首要地位，将坚持立德树人"融入思想道德教育、文化知识教育、社会实践教育各环节，贯穿基础教育、职业教育、高等教育各领域"，努力构建德智体美劳全面培养的教育体系①，全面贯彻党的教育方针，切实把党的领导落实到立校办学的方方面面，坚持为党育人、为国育才。"青年一代有理想、有本领、有担当，国家就有前途，民族就有希望。"要把理想信念教育放在首位，牢固树立共产主义远大理想和中国特色社会主义共同理想，把培育和弘扬社会主义核心价值观作为凝魂聚气、强基固本的基础工程，把社会主义核心价值观融入国民教育全过程，大力推进中国特色社会主义理论进教材、进课堂、进头脑，将社会主义核心价值观教育贯穿人才培养全过程各环节，教育引导青年学生坚定理想信念，厚植爱国主义情怀，加强品德修养，增长知识见识，培养奋斗精神，增强综合素质，弘扬劳动精神，培育和践行社会主义核心价值观，通过树立共产主义远大理想和中国特色社会主义共同理想，增强学生的"四个自信"，自觉抵御和防范错误思潮对校园的渗透影响，造就一代又一代扎根人民、奉献国家、切实肩负起中华民族伟大复兴重任的中国特色社会主义建设者和接班人。

---

① 习近平. 坚持中国特色社会主义教育发展道路　培养德智体美劳全面发展的社会主义建设者和接班人. 人民日报，2018 - 09 - 11.

（三）发展公平而有质量的教育，努力实现教育现代化

邓小平指出，"贫穷不是社会主义，社会主义要消灭贫穷"。为人民谋幸福、为国家谋富强、为民族谋复兴是中国共产党的根本宗旨。社会主义制度优越性的根本在于能够更好地解放和发展生产力，为人民创造更加幸福的美好生活。历史已经并将继续证明，只有社会主义才能救中国，只有坚持和发展中国特色社会主义才能实现中华民族伟大复兴。教育是国之大计、党之大计，是民族振兴、社会进步的重要基石，是功在当代、利在千秋的德政工程，对提高人民综合素质、促进人的全面发展、增强中华民族创新创造活力、实现中华民族伟大复兴具有决定性意义。扎根中国大地办社会主义教育，就是要关切和回应新时代人民的教育需求。当前我国教育领域主要矛盾转变为人民群众日益增长的对高质量教育的需要与教育质量不平衡不充分的发展之间的矛盾，促进教育公平、提高教育质量是社会主义教育发展的根本要求。必须坚持把优先发展教育事业作为推动党和国家各项事业发展的重要先手棋，深化教育改革，全面贯彻党的教育方针，发展素质教育，推行教育公平，不断使教育同党和国家事业发展要求相适应，同人民群众期待相契合，同我国综合国力和国际地位相匹配。教育现代化是支撑、推动和引领中国现代化发展的重要基础和引擎，是实现中华民族伟大复兴的前提条件和力量之源。实现教育现代化的过程就是不断促进教育公平和提升教育质量的过程。要找准不足和短板，系统推进教育精准扶贫、脱贫，逐步消除城乡差距、东西部差距、校际差距等，既要体现中国特色社会主义的特性，又要具有世界水平的办学质量，从而为实现中华民族伟大复兴的中国梦固本强基。要深入学习贯彻落实习近平新时代中国特色社

会主义思想，正确把握习近平关于教育的重要论述的丰富内涵，坚定以习近平关于教育的重要论述为我国教育现代化建设的理论指南，全面引领新时代教育改革与创新。充分利用现代信息技术手段推动城乡教育一体化发展，努力让每个孩子都能享有公平而有质量的教育。牢牢扎根中国大地，用自己的智慧与力量走出一条具有中国特色的教育发展之路。

四、坚持扎根中国大地办传承中华优秀传统文化的教育

党的十九大报告指出，文化是一个国家、一个民族的灵魂。文化兴国运兴，文化强民族强。没有高度的文化自信，没有文化的繁荣兴盛，就没有中华民族伟大复兴。中国特色社会主义文化，源自中华民族 5 000 多年文明历史所孕育的中华优秀传统文化，熔铸于党领导人民在革命、建设、改革中创造的革命文化和社会主义先进文化，植根于中国特色社会主义伟大实践。扎根中国大地办教育要深深植根于中华优秀传统文化的历史土壤。通过举办丰富多彩的活动，办传承中华优秀传统文化的教育，推动中华优秀传统文化创造性转化、创新性发展，继承革命文化，发展社会主义先进文化，激发全民族文化创新创造活力，建设社会主义文化强国[1]。扎根中国大地办传承中华优秀传统文化的教育，要注重对优秀传统文化的教育阐释，积极开展丰富多彩的实践育人活动，不断丰富传播渠道，多措并举为传承中华优秀传统文化的教育提供有力支持。

---

[1] 举旗帜聚民心育新人兴文化展形象　更好完成新形势下宣传思想工作使命任务. 人民日报，2018-08-23.

（一）结合时代对中华优秀传统文化进行新的教育阐释

中华优秀传统文化是中华民族语言习惯、文化传统、思想观念、情感认同的集中体现，凝聚着中华民族普遍认同和广泛接受的道德规范、思想品格和价值取向，具有极为丰富的思想内涵。为了更充分发挥中华优秀传统文化的价值和作用，需要结合时代特点加强对中华文化进行新的教育阐释工作，以学生喜闻乐见的形式潜移默化地实现"以文化人"。第一，要充分发挥课堂的主渠道作用，加强各级各类学校的课程思政、专业思政建设，把中华优秀传统文化和民族精神有机融入思想政治理论课、哲学社会科学及相关学科专业课程，使中华优秀传统文化渗透到每一门课程中、每一节课堂上，充分发挥育人价值。第二，要深入开展相关研究，加强对中华优秀传统文化的研究与阐释，深入研究阐释中华文化的历史渊源、发展脉络、基本走向，深刻阐明中华优秀传统文化是发展当代中国马克思主义的丰厚滋养，深刻阐明传承发展中华优秀传统文化是建设中国特色社会主义事业的实践之需，深刻阐明丰富多彩的多民族文化是中华文化的基本构成，深刻阐明中华文明是在与其他文明不断交流互鉴中丰富发展的，着力构建有中国底蕴、中国特色的思想体系、学术体系和话语体系，厘清中华优秀传统文化传承创新的价值与内涵，探索新时代背景下中华优秀传统文化传承创新的现实路径。第三，要组织丰富的教育活动，开展专题讲座，组织学习研讨，通过报告会、座谈会、学生主题班会等，引导师生深入了解我国优秀传统文化，切实增强对中华优秀传统文化的思想认同、情感认同、价值认同。通过一系列有益活动将中华优秀传统文化融入学校日常生活，通过学校常规活动提升思想、培养美德、塑造品行。

（二）积极开展实践育人活动

充分汲取 5 000 多年中华优秀传统文化的丰富营养，把中国特色社会主义的先进基因传承好、发扬好，真正办好具有中国社会主义特色的各级各类教育①。注重实践与养成、需求与供给、形式与内容相结合，把中华优秀传统文化的内涵更好更多地融入各级各类学校教育教学、特色发展、综合实践活动等方面。丰富拓展校园文化，推进戏曲、书法、高雅艺术、传统体育等进校园，实施中华经典诵读工程，开设中华文化公开课、选修课，抓好传统文化教育成果展示活动。深入开展"中国传统节日"等主题活动，实施中国传统节日振兴工程，丰富春节、元宵、清明、端午、七夕、中秋、重阳等传统节日文化内涵，形成新的节日习俗，引导教育学生了解中国历史文化、过中国节。发展传统体育，把传统体育项目纳入学校体育运动和健身活动。深入挖掘地方的历史文化价值，提炼精选一批凸显地方历史文化特色的经典性元素和标志性符号，纳入学校特色文化建设。结合地方文化特色和学校实际，建设带有中华优秀传统文化符号的学生社团和实践工作坊，组织开展丰富多彩的系列主题活动和现场实践体验活动。此外，要结合传统节日，组织开展学校体育艺术教育弘扬中华优秀传统文化成果展示活动，加强各地各校间的交流，促进建设成果的交流与共享。通过实践活动引导师生参与中华优秀传统文化传承，深刻理解和感悟中华优秀传统文化的精髓内涵，大力弘扬讲仁爱、重民本、守诚信、崇正义、尚和合、求大同等核心思想理念，大力弘扬自强不息、敬业乐群、扶危济困、见义勇为、孝老爱亲等

---

① 冯刚，陈步云. 扎根中国大地办好中国特色社会主义教育. 中国教育报，2018 - 11 - 01.

中华传统美德，大力弘扬有利于促进社会和谐、鼓励人们向上向善的思想文化内容。

（三）不断丰富传播渠道

拓展校内校外、线上线下中华优秀传统文化的教育平台载体，充分利用博物馆、图书馆、档案馆、展览馆、美术馆等公共文化机构，运用电影、电视、歌曲、戏剧、小说、公益广告等多种艺术形式，加强学校教育与家庭教育、社会教育的合作，通过宣传和引导人民大众对中华优秀传统文化的学习，为扎根中国大地办传承中华优秀文化的教育提供支持。社会发展进入信息时代，信息传播更加快捷高效。要综合运用报纸、书刊、电台等传统媒体优势，融通计算机网络、移动网络等多媒体资源，创新表达方式，提高传播效率和范围，大力彰显中华文化魅力；深入开展"爱我中华"等主题教育活动，充分利用重大历史事件、中华历史名人、各类爱国主义教育基地、历史遗迹等对师生开展爱国主义教育；加强新时代学校文明建设和师生日常行为规范建设，把优秀传统文化思想理念体现在学校的每一个角落和师生日常行为中；积极弘扬孝敬文化、慈善文化、诚信文化等，开展节俭养德全民行动和学雷锋志愿服务；建立健全各类公共场所和网络公共空间的礼仪、礼节、礼貌规范，推动形成良好的言行举止和礼让宽容的社会风尚；多措并举，培养热爱伟大祖国，担当时代责任，用于砥砺奋斗，传承中华民族优秀文化和民族精神，胸怀忧国忧民之心、爱国爱民之情，不断奉献祖国、奉献人民的社会主义建设者和接班人[①]。

---

① 习近平．在纪念五四运动 100 周年大会上的讲话．人民日报，2019 - 05 - 01．

五、坚持扎根中国大地办党全面领导的教育

加强党对教育工作的全面领导,是办好教育的根本保证。扎根中国大地办党全面领导的教育,要求教育部门和各级各类学校的党组织要增强"四个意识"、坚定"四个自信",坚定不移维护党中央权威和集中统一领导,自觉在政治立场、政治方向、政治原则、政治道路上同党中央保持高度一致[①],确保党始终总揽全局、协调各方。各级各类学校党组织要把抓好学校党建工作作为办学治校的基本功,抓牢党对学校意识形态工作的领导权、主动权和话语权,发展好各级各类学校的思想政治教育,把党的教育方针全面贯彻到学校工作各方面,把思想政治工作贯穿教育教学的全过程。

(一)增强"四个意识"、坚定"四个自信"、做到"两个维护"

党组织是实现党的领导的组织基础,各级教育部门和各级各类学校党组织紧紧统一在党中央周围,自觉与党中央保持高度一致,是全面贯彻党的教育方针、实现党对教育全面领导的根本保证。扎根中国大地办党全面领导的教育,要求各级教育部门和各级各类学校的党组织要增强"四个意识"、坚定"四个自信",坚决做到"两个维护",自觉在思想上政治上行动上同党中央保持高度一致,确保党总揽全局、协调各方的地位不变,确保党的决议能够得到高效落实。

---

① 习近平.坚持中国特色社会主义教育发展道路 培养德智体美劳全面发展的社会主义建设者和接班人.人民日报,2018-09-11.

"四个意识"是 2016 年 1 月 29 日中共中央政治局会议提出来的。习近平总书记在庆祝中国共产党成立 95 周年大会上强调，全党同志要增强政治意识、大局意识、核心意识、看齐意识，切实做到对党忠诚、为党分忧、为党担责、为党尽责。党的十八届六中全会通过的《关于新形势下党内政治生活的若干准则》强调，全党必须牢固树立政治意识、大局意识、核心意识、看齐意识，自觉在思想上政治上行动上同党中央保持高度一致。树牢政治意识要求从政治上看待、分析和处理问题。我们党作为马克思主义政党，讲政治是突出的特点和优势。政治意识表现为坚定政治信仰，坚持正确的政治方向，坚持政治原则，站稳政治立场，保持政治清醒和政治定力，增强政治敏锐性和政治鉴别力；严肃党内政治生活，严守政治纪律和政治规矩，研究制定政策要把握政治方向，谋划推进工作要贯彻政治要求，解决矛盾问题要注意政治影响，发展党员、选人用人要突出政治标准，对各类组织要加强政治领导、政治引领，对各类人才要加强政治吸纳。树牢大局意识，要求自觉从大局看问题，把工作放到大局中去思考、定位、摆布，做到正确认识大局、自觉服从大局、坚决维护大局。增强大局意识，就是要正确处理中央与地方、局部与全局、当前与长远的关系，自觉从党和国家大局出发想问题、办事情、抓落实，坚决贯彻落实中央决策部署，确保中央政令畅通。树牢核心意识，要求在思想上认同核心、在政治上围绕核心、在组织上服从核心、在行动上维护核心。增强核心意识，就是要始终坚持、切实加强党的领导特别是党中央的集中统一领导，更加紧密地团结在以习近平同志为核心的党中央周围，更加坚定地维护党中央权威，更加自觉地在思想上政治上行动上同党中央保持高度一致，更加扎实地把党中央部署的各项任务落到实处，确保党始终成为中国特色社会主义事业的坚强领导核心。树牢看齐意识，要求向党中央看齐，向党的理论和路线方针政策看齐，向党中央决策部署看齐，做到党中央提倡的坚决响应、党中央决定的坚决执行、党中央禁止的坚决不做。这"三个看齐""三个坚决"是政治要求，也是政治纪律，各级党组织和广大党员、干部要树立高度自觉的看齐意识，经常和党中央要求"对表"，看看有没有"慢半拍"的问题，有没有"时差"的问题，有没有"看不齐"的问题，主动进行调整、纠正、校准。

2016年7月1日，习近平总书记在庆祝中国共产党成立95周年大会上明确提出，中国共产党人"坚持不忘初心、继续前进"，就要坚持"四个自信"即"中国特色社会主义道路自信、理论自信、制度自信、文化自信"。道路自信是对发展方向和未来命运的自信。坚持道路自信，就是要全党和全国人民坚定"中国特色社会主义道路是实现社会主义现代化的必由之路，是创造人民美好生活的必由之路"的信念。理论自信是对中国特色社会主义理论体系的科学性、真理性、正确性的自信。坚持理论自信就是要全党和全国人民坚定对马克思主义基本理论、中国特色社会主义理论体系的正确性、真理性的信念。制度自信是对中国特色社会主义制度具有制度优势的自信。近代以来的历史证明，中国特色社会主义制度，是最适应中国社会主义现代化建设需要、保证各项事业顺利开展的制度。文化自信是对中国特色社会主义先进性的自信。坚持文化自信就是要激发党和人民对中华优秀文化传统的历史自豪感，坚定对党领导人民建设社会主义现代化强国、实现中华民族伟大复兴的坚定信念，在全社会形成对社会主义核心价值观的普遍共识和坚定信念。

"两个维护"指坚决维护习近平总书记党中央的核心、全党的核心地位，坚决维护以习近平同志为核心的党中央权威和集中统一领导。党的十八大以来，党和国家事业取得历史性成就的最根本原因就在于以习近平同志为核心的党中央的坚强领导和习近平新时代中国特色社会主义思想的科学指引。坚决维护习近平总书记党中央的核心、全党的核心地位，维护党中央权威和集中统一领导，是党和国家前途命运所系，是全国各族人民根本利益所在，是最根本的政治纪律和政治规矩。做到"两个维护"，从根本上讲就是要做到对党忠诚，体现在对党的信仰的忠诚、对党组织的忠诚和对党的理论与路线方针政策的忠诚，体现在坚决贯彻党中央决策部署的行动，体现在履职尽责、做好本职工作的实效，体现在党员、干部的日常言行等方面。

（二）加强党对意识形态工作的领导权、主动权和话语权

扎根中国大地办党全面领导的教育，要加强党对学校意识形态工作的领导权、主动权，牢牢掌握意识形态工作话语权①。一是要加强学校思想政治课程建设、学科建设和教研工作，结合教育系统实际，深入推进马克思主义教育和习近平新时代中国特色社会主义思想学习教育。做好思想政治工作要因事而化、因时而进、因势而新，要以理服人、以情感人。马克思主义教育要接地气，要让马克思主义讲中国话，把深刻的原理变为生动的道理，把根本方法变为管用办法，把大水漫灌变为精准滴灌。充分利用现代信息技术建立跨越时间、空间的、线上线下和课内课外相结合的思想政治教育工作体系，努力实现全员育人、全程育人、全方位育人。要加强网络意识形态监管，及时研判舆情，防范各种

---

① 黄恩华．把思想政治工作贯穿教育教学全过程．光明日报，2018-11-26．

错误思潮占领网络阵地，营造风清气正的良好教风和学风，唱响主旋律、弘扬正能量。二是要不断强化学校思想政治工作队伍和党务工作队伍建设，大力培育学校党务和思想政治工作领域领军人才。要努力打造高素质的党政干部、共青团干部、辅导员、思政课教师队伍，把政治标准放在教师队伍建设首位，严格教师资格和准入制度，加强对教师思想政治素质、师德师风的监察监督，坚决实行思想政治、师德师风"一票否决权"。要健全激励机制，为思政工作者提供成长平台和发展空间，推进思想政治工作专业化、职业化建设。三是要全力维护意识形态阵地稳定，加强对意识形态阵地的有效管理，提高思想认识和政治站位，正确区分政治原则问题、思想认识问题和学术观点问题，建立健全并严格相关制度。既要避免把马克思主义边缘化、空泛化、标签化，又要避免以"普世价值"名义把西方新自由主义奉为金科玉律；既要避免泛政治化，又要避免抓辫子、扣帽子、打棍子从而干涉正常学术活动。要树立对马克思主义的信仰、对中国特色社会主义的信念、对中华民族伟大复兴中国梦的信心，到人民群众中去，到新时代新天地中去，让理想信念在创业奋斗中升华，让青春在创新创造中闪光[①]！

（三）不断加强和改进教育领域党的自身建设

做好学校党建工作是落实党对学校教育的全面领导、办好学校的基本功。加强党对教育工作的全面领导，关键在于不断加强和改进教育领域党的自身建设。这是刀刃向内的自我革命，需要极大的勇气。

---

① 习近平. 在纪念五四运动100周年大会上的讲话. 人民日报，2019-05-01.

首先,要不断提高教育系统党的建设科学化水平。党的建设包括政治建设、思想建设、组织建设、作风建设、纪律建设,制度建设贯穿在五大建设当中。党的政治建设是党的根本性建设,要坚定党员政治信仰,强化政治领导,提高政治能力,净化政治生态。党的思想建设是党的基础建设,要真学真懂真信真用马克思主义,特别是习近平新时代中国特色社会主义思想,做到知信行统一。党的组织建设是一项基础性党建工作,是充分发挥党的组织力、领导力和影响力的现实基础,要努力加强教育领域基层党组织建设,做到纵向到底、横向到边。党的作风建设和纪律建设是反"四风"、严明纪律、认真贯彻党内法规、不断提高科学化水平的重要方面,是永葆党组织的先进性和纯洁性、提高党组织的凝聚力和战斗力的重要措施。党的制度建设是调节党内关系、指导党内生活、推动党的事业顺利发展的重要保障,也是新时代统一规范党员行为、提高党组织工作效率的迫切要求。

其次,要不断强化基层党组织建设。习近平总书记指出,基层党组织是党执政大厦的地基。基础不牢,地动山摇。加强和改进教育领域党的自身建设,就要强本固基,要建立健全学校的各级各类基层党组织,优化设置,理顺关系,提升组织力,发挥战斗堡垒作用,把"规定动作"做到位,把"自选动作"做出彩。

最后,要不断健全党对教育工作全面领导的体制机制。党的十九大以来,中央不断健全对教育工作的领导体制机制,强化党中央对教育工作的集中统一领导。学校实行党组织领导下的校长负责制,这是党对学校领导的根本制度。党对教育工作的全面领导要遵循教育教学规律和人才成长规律,扎根中国大地办教育,书记和校长要成为讲政治、懂管理的教育家,要尊重教师和专家们的意见,贯彻民主集中制,切忌一言堂;要完善意识形态工作责任制，落实追责制度；要落实学校各级党组织全面从严治党的主体责任。主体即在法律关系中依法享有权利并承担义务的自然人和法人。这里的主体首先是指负责全面领导的党委和党委负责人，纪委主要承担监督责任，其他各级党组织也负有党内监督主体责任。

六、坚持扎根中国大地办开放融通的教育

扎根中国大地办教育强调立足中国国情实际、解决中国现实问题和坚持中国特色社会主义教育发展道路，但并不故步自封，还要将中国特色与放眼世界二者有机结合起来，办开放融通的教育。

（一）改革开放是中国特色教育发展的必由之路

邓小平强调教育要面向世界，其核心思想就是要求中国特色社会主义教育必须积极参与教育的国际交流与合作，主动学习借鉴国际教育实践发展与理论研究的新成果[1]。中国特色社会主义教育发展道路不是封闭的、孤立的道路，道路的选择也是世界教育变革推动的结果，特别是经济全球化带来的教育全球化的影响，我们更需要和世界不同国家及民族平等交流，学习他国的先进教育思想和理念。它更是在与世界不同国家和民族平等交流中相互借鉴学习、不断丰富和发展的。

中华人民共和国成立以来特别是改革开放以来，中国教育改革发展取得了巨大成就，产生了世界性影响。一方面，中国通过

---

[1] 李文长. 中国特色社会主义教育理论的基本范畴. 教育研究，2008（8）：15-19.

解放思想、与时俱进，学习和借鉴世界各国经验，不断提升教育开放水平，为我国教育事业发展注入新的动力和活力。另一方面，发展中国家乃至发达国家都在关注中国教育改革发展的进程、经验、理论和政策。中国成功的经验不仅对于广大发展中国家具有特殊的借鉴意义，在当前全球性金融危机与社会危机叠加发生、国际政治经济秩序面临深刻调整、国际力量对比旧的平衡被打破、西方国家面临体制结构调整震荡等的背景下，中国教育改革与发展的成就和经验对发达国家发展教育也有一定的参考价值。

同时，我国教育发展滞后于国际教育改革发展趋势也是扎根中国大地办开放融通的教育的迫切需要。第二次世界大战以来，由于新科技革命的推动以及资本主义自我调整与变革等因素，资本主义与战前相比，在许多方面都发生了重要变化，由此给社会主义国家带来了巨大压力和严峻挑战，迫使社会主义国家必须以变革来应对资本主义的新变化。反映在教育领域，我们与西方发达国家存在较大差距，我们的教育发展滞后于国际教育改革发展趋势，也正是我们认识到了这个差距，才成为中国特色社会主义教育发展道路不断创新进取、充满生机活力的重要来源。

（二）开放办教育要始终坚持中国特色

坚持"中国特色"就是要坚持以人民为中心发展教育的价值追求，立足中国国情与教育实际，坚守教育实践的民族性，最终满足人民群众对教育的期待。中国特色主要体现在办学理念、发展路径与体制机制等方面，贯穿于人才培养、科学研究、社会服务、文化传承与创新、国际交流合作等职能。中国教育发展的特色之路，坚持一切从实际出发，继承而不守旧，借鉴而不照抄，领跑而不追随。它秉承中华民族独特的精神气韵，立足本国国情，强调在党的坚强领导下，全面贯彻党的教育方针，坚持马克思主义指导地位，坚持中国特色社会主义教育发展道路，坚持社会主义办学方向，遵循教育规律，坚持改革创新，以凝聚人心、完善人格、开发人力、培育人才、造福人民为工作目标，培养德智体美劳全面发展的社会主义建设者和接班人，加快推进教育现代化，建设教育强国，办好人民满意的教育[①]。

坚持扎根中国大地办教育，是教育改革成功的关键。自2010年《国家中长期教育改革和发展规划纲要（2010—2020年）》颁布实施以来，特别是党的十八大以来，我国教育领域综合改革全面深化，然而面对新形势，教育还不能完全适应人的全面发展与经济社会发展的要求，一些深层次的体制机制障碍和人民群众关心的热点难点问题都需要进一步去解决。教育改革正处于深水区和攻坚期。习近平总书记要求我们，"要认真吸收世界上先进的办学治学经验，更要遵循教育规律"，"没有特色，跟在他人后面亦步亦趋，依样画葫芦，是不可能办成功的"。我国有独特的历史、独特的文化、独特的国情，决定了我国必须走自己的教育发展道路。"世界上不会有第二个哈佛、牛津、斯坦福、麻省理工、剑桥，但会有第一个北大、清华、浙大、复旦、南大等中国著名学府。""扎根中国大地办高等教育同建设世界一流大学是统一的，只有扎根中国才能更好走向世界。""我们要虚心学习借鉴人类社会创造的一切文明成果，但我们不能数典忘祖，不能照抄照搬别国的发展模式，也绝不会接受任何外国颐指气使的说教。"成功推进教育领域综合改革，就要扎根中国大地，研究中国教育问题，把握基本国情，遵循教育规律，探寻问题解决的方略。我国学校

---

① 孙正林. 扎根中国大地 深耕传统文化. 中国教育报，2018-10-08.

要坚决捍卫办学主权和自主性,要扎根中国大地,解决中国问题,要把"中国特色"注入学校建设之"魂",彰显中国学校的民族特性、学术自觉和教育自信,决不能成为西方发达国家或境外某些势力的附庸。

(三) 扎根中国大地办教育要以我为主、融通中外

扎根中国大地办教育,要坚持教育的民族性与世界性、本土化与国际化的统一,以开放的心态,立足中国,面向世界,汇聚中国智慧,形成具有中国特色的中国模式和中国方案,积极承担国际教育责任,参与国际教育治理,为世界教育的发展贡献力量。

世界正处于大发展大变革大调整时期,和平与发展仍然是时代主题。世界多极化、经济全球化、社会信息化、文化多样化深入发展,全球治理体系和国际秩序变革加速推进,各国相互联系和依存日益加深,国际力量对比更趋平衡,和平发展大势不可逆转。同时,世界面临的不稳定性不确定性突出,世界经济增长动能不足,贫富分化日益严重,地区热点问题此起彼伏,恐怖主义、网络安全、重大传染性疾病、气候变化等非传统安全威胁持续蔓延,人类面临许多共同的挑战[①]。中国梦与世界梦息息相通,中华民族应该对人类社会做出更大贡献。扎根中国大地办教育,要培养既有家国情怀,也有人类关怀的社会主义建设者和接班人。发扬中华文化崇尚的四海一家、天下为公精神,为实现中华民族伟大复兴而奋斗,为推动共建"一带一路"、推动构建人类命运共同体而努力[②]。同时,在大力推进教育国际化的同时,更要有坚

[①] 习近平. 决胜全面建成小康社会 夺取新时代中国特色社会主义伟大胜利. 人民日报, 2017-10-28.

[②] 习近平. 在纪念五四运动100周年大会上的讲话. 人民日报, 2019-05-01.

定办好中国教育的自信,深入总结我国教育改革发展的经验与规律,探寻具有中国特色的本土化解决方案,形成属于我们自己的中国模式,发挥全球引领作用,为解决国际国内共同问题提供中国经验、中国智慧和中国方案,提高中华文化软实力和中华教育影响力,为推动各国教育的共同发展、构建人类命运共同体做出贡献。

扎根中国大地办教育绝不是拒绝"国际化",而是要在"国际化"进程中始终坚持中国本位,既能"放得开"又要"守得住"。我们要吸收和借鉴外来的文明成果,但不能照搬国外的教育模式。"要始终坚持一切从中国实际和中国国情出发,继承而不守旧,借鉴而不照搬,追赶而不追随。"[1] 我们既要学习借鉴世界上的先进教育模式,积极吸收先进教育的实践经验,认真吸取他人的教训,又要瞄准现代教育发展趋势,积极参与国际教育交流与合作,吸纳一切优秀国际教育成果,并结合我国实际进行本土化的改造,将其转化为提升我国办学水平的着力点和生长点。总之,我们要将两者辩证统一起来,建构具有中国特色的教育实践方案与理论成果,为世界教育和人类文明做出我们独特的贡献[2]。扎根中国、融通中外,立足时代、面向未来,努力办好具有中国特色、世界水平的现代教育,是推进中国教育现代化的重要遵循,也是中国特色社会主义教育发展的正确路径[3]。

---

[1][2] 冯刚,陈步云.扎根中国大地办好中国特色社会主义教育.中国教育报,2018-11-01.

[3] 杨银付.建设中国特色、世界水平的现代教育.光明日报,2018-09-29.

扎根于中华民族优良教育传统与中华文明的沃土

一、扎根于中国传统文化的指导思想

"不忘历史才能开辟未来,善于继承才能善于创新。优秀传统文化是一个国家、一个民族传承和发展的根本,如果丢掉了,就割断了精神命脉。"① 中国共产党自成立之日起,既是中华优秀传统文化的忠实传承者和弘扬者,又是中国先进文化的积极倡导者和发展者。在革命、建设和改革时期,中国共产党从来都是将弘扬优秀传统文化和发展现实文化有机统一起来,在继承中发展,在发展中继承。

(一) 毛泽东思想

从毛泽东思想的诞生到中国特色社会主义理论体系的创造、丰富、发展和完善,就是马克思主义与中国实际相结合的过程,就是中华优秀传统文化在不同时期创造性转化、创新性发展的过程。毛泽东通古博今,博览群书,典籍、史书、诗词、曲赋、文言小说都谙熟于胸、娓娓道来。毛泽东深厚的传统文化底蕴和对传统文化的深入研究,使得他充分认识到传统文化的宝贵价值。早在1938年,毛泽东在党的六届六中全会上就指出:"学习我们的历史遗产,用马克思主义的方法给以批判的总结,是我们学习的另一任务。我们这个民族有数千年的历史,有它的特点,有它

---

① 习近平.在纪念孔子诞辰2 565周年国际学术研讨会暨国际儒学联合会第五届会员大会开幕会上的讲话.人民日报,2014-09-25.

的许多珍贵品。对于这些,我们还是小学生。今天的中国是历史的中国的一个发展;我们是马克思主义的历史主义者,我们不应当割断历史。从孔夫子到孙中山,我们应当给以总结,承继这一份珍贵的遗产。这对于指导当前的伟大的运动,是有重要的帮助的。"[①] "中国共产党人是我们民族一切文化、思想、道德的最优秀传统的继承者,把这一切优秀传统看成和自己血肉相连的东西,而且将继续加以发扬光大。"[②] 从革命的现实需要出发,从马克思主义与中国现实、中国历史、中国文化密切结合的实际出发,毛泽东进一步强调尊重历史的辩证法的态度,即批判吸收的态度,把封建腐朽思想和带有民主、革命的文化区别开来,坚决反对无批判地兼收并蓄和颂古非今。在《新民主主义论》中,毛泽东指出:"中国的长期封建社会中,创造了灿烂的古代文化。清理古代文化的发展过程,剔除其封建性的糟粕,吸收其民主性的精华,是发展民族新文化提高民族自信心的必要条件;但是决不能无批判地兼收并蓄。必须将古代封建统治阶级的一切腐朽的东西和古代优秀的人民文化即多少带有民主性和革命性的东西区别开来。""我们必须尊重自己的历史,决不能割断历史。但是这种尊重,是给历史以一定的科学的地位,是尊重历史的辩证法的发展,而不是颂古非今,不是赞扬任何封建的毒素。"[③]针对党内一段时间存在的主观主义的种种表现,毛泽东于1941年5月在延安干部会上所做的题为《改造我们的学习》的报告尖锐地指出,"对于自己的历史一点不懂,或懂得甚少,不以为耻,反以为荣。特别重要的是中国共产党的历史和鸦片战争以来的中国近百年史,真正懂得

---

① 毛泽东.毛泽东选集:第2卷.2版.北京:人民出版社,1991:533-534.
② 庄穆,肖贵新.中国共产党对待传统文化的科学态度.光明日报,2016-10-05.
③ 同①707-708.

的很少。近百年的经济史，近百年的政治史，近百年的军事史，近百年的文化史，简直还没有人认真动手去研究。有些人对于自己的东西既无知识，于是剩下了希腊和外国故事，也是可怜得很，从外国故纸堆中零星地捡来的"①，批评与马克思主义相对立的主观主义态度"就是对周围环境不作系统的周密的研究，单凭主观热情去工作，对于中国今天的面目若明若暗。在这种态度下，就是割断历史，只懂得希腊，不懂得中国，对于中国昨天和前天的面目漆黑一团"②。毛泽东对待中国历史和传统文化的辩证态度及其对主观主义的深刻批判，不仅明确了中国共产党人与传统文化的关系，而且推动了马克思主义与中国革命实践、中国历史、中国文化的科学结合。1943年党中央明确提出，中国共产党人是我们民族一切文化、思想、道德的最优秀传统的继承者，把一切优秀的传统看成和自己血肉相连的东西，而且将继续加以发扬光大。中国共产党近年来所进行的反对主观主义、宗派主义、党八股的整风运动，就是要使马克思列宁主义这一革命科学更进步地和中国革命实践、中国历史、中国文化深相结合起来③。

（二）邓小平理论、"三个代表"重要思想与科学发展观

与毛泽东思想一样，不断完善发展的中国特色社会主义理论也是马克思主义与中国改革开放实际、中国传统文化有机结合的产物。如果说，正确对待传统文化这一问题在革命时期是要从根本上解决好传统文化与中国共产党人及其领导的中国革命的关系问题，那么在改革时期则是要从本质上回答好"什么是社会主义，

---

① 毛泽东. 毛泽东选集：第3卷. 2版. 北京：人民出版社，1991：798.
② 同①799.
③ 周衍冰. 关于继承和弘扬优秀传统文化的论述. 刊授党校，2014（10）：26-28.

如何建设社会主义"这一根本问题的应有之义。从"解放思想、实事求是"党的思想路线的重新确立，到"一手抓物质文明建设，一手抓精神文明建设，两手抓，两手都要硬"论断的提出，邓小平不仅从优秀传统文化中探寻中国特色社会主义的思想源泉并赋予其时代新意，而且创造性地将优秀传统文化要素内蕴于中国特色社会主义的本质规定之中。他指出："我们要建设的社会主义国家，不但要有高度的物质文明，而且要有高度的精神文明。所谓精神文明，不但是指教育、科学、文化（这是完全必要的），而且是指共产主义的思想、理想、信念、道德、纪律，革命的立场和原则，人与人的同志式关系，等等。……没有这种精神文明，没有共产主义思想，没有共产主义道德，怎么能建设社会主义？"[①]只有物质文明和精神文明都搞好，才是有中国特色的社会主义；"不加强精神文明的建设，物质文明的建设也要受破坏，走弯路"[②]。同时，邓小平还指出："我们要用历史教育青年，教育人民。"[③]"要懂得些中国历史，这是中国发展的一个精神动力。"[④]伴随改革开放和中国特色社会主义事业的不断深入推进，江泽民、胡锦涛对大力推动中国特色社会主义文化建设、传承和弘扬中华民族优秀传统文化一以贯之地给予高度重视。江泽民将"中华民族的优秀文化传统"与"党和人民从五四运动以来形成的革命文化传统"、"人类社会创造的一切先进文明成果"并列作为中国先进文化的内涵概括，在党的十五大报告中明确提出："有中国特色社会主义的文化，是凝聚和激励全国各族人民的重要力量，是综

---

① 邓小平. 邓小平文选：第 2 卷.2 版. 北京：人民出版社，1994：367.
② 邓小平. 邓小平文选：第 3 卷. 北京：人民出版社，1993：144.
③ 同②206.
④ 同②358.

合国力的重要标志。它渊源于中华民族五千年文明史，又植根于有中国特色社会主义的实践，具有鲜明的时代特点；它反映我国社会主义经济和政治的基本特征，又对经济和政治的发展起巨大促进作用。"胡锦涛在党的十七大报告中指出："当今时代，文化越来越成为民族凝聚力和创造力的重要源泉、越来越成为综合国力竞争的重要因素，丰富精神文化生活越来越成为我国人民的热切愿望。……中华文化是中华民族生生不息、团结奋进的不竭动力。要全面认识祖国传统文化，取其精华，去其糟粕，使之与当代社会相适应、与现代文明相协调，保持民族性，体现时代性。"

（三）习近平新时代中国特色社会主义思想

党的十八大以来特别是党的十九大胜利召开以后，中国特色社会主义迎来了一个从站起来、富起来到强起来的伟大飞跃的新时代和中华民族伟大复兴的光明前景。在这样一个新时代，习近平高屋建瓴地提出了中国特色社会主义事业"五位一体"总体布局和"四个全面"战略布局，矢志不渝地秉持中国共产党人对待中国历史、中国文化的马克思主义态度，始终从中华民族最深沉精神追求的深度看待优秀传统文化，从国家战略资源的高度继承优秀传统文化，从实现"两个一百年"奋斗目标、中华民族伟大复兴中国梦的伟大历史使命的维度弘扬优秀传统文化，从优秀传统文化的意义与价值、文化软实力最深厚构成、建设社会主义文化强国、坚定中国特色社会主义文化自信等多个维度、多个层面深入阐释了传承和弘扬中华优秀传统文化的必要性、重要性、紧迫性和当代性问题。2014年10月13日，习近平在中共中央政治局第十八次集体学习时指出，实现中华民族伟大复兴的中国梦，必须要有中国精神，而中国精神必须在坚持社会主义核心价值体系的前提下，积极深入中华民族历久弥新的精神世界，把长期以来我们民族形成的积极向上向善的思想文化充分继承和弘扬起来，使之为培育和践行社会主义核心价值观服务，为建设社会主义先进文化服务，为党和国家事业发展服务。

二、中华优秀传统文化是中华民族的"根"和"魂"

一个民族存在的根基就是文化传统。传承优秀传统文化，并使它与时俱进、不断更新以适应现代社会生活的需要，这样的国家民族才有生存发展的良好基础①。数千年的发展历程中，中华文化总能历经磨难而生生不息，总能浴火重生而薪火相传，世世代代的中华儿女培育和发展了独具特色、博大精深的中华文化，为中华民族的不朽提供了强大精神支撑②。2012年12月，习近平总书记在广东考察时指出，"我们决不可抛弃中华民族的优秀文化传统，恰恰相反，我们要很好传承和弘扬，因为这是我们民族的'根'和'魂'，丢了这个'根'和'魂'，就没有根基了。"借助"根"和"魂"，习近平总书记旨在强调传承和弘扬中华民族优秀传统文化对于国家发展和民族振兴的极端重要性。

（一）中华优秀传统文化在人类文明史进程中占据举足轻重的地位，做出了不可磨灭的贡献

习近平总书记指出："在世界几大古代文明中，中华文明是没有中断、延续发展至今的文明，已经有5 000多年历史了。"③"中

---

①② 优秀传统文化是中华民族的"根"和"魂". 衡阳日报，2017-06-13.
③ 习近平. 在布鲁日欧洲学院的演讲. 人民日报，2014-04-02.

华民族具有 5 000 多年连绵不断的文明历史，创造了博大精深的中华文化，为人类文明进步作出了不可磨灭的贡献。"① "中华文明历史悠久，从先秦子学、两汉经学、魏晋玄学，到隋唐佛学、儒释道合流、宋明理学，经历了数个学术思想繁荣时期。在漫漫历史长河中，中华民族产生了儒、释、道、墨、名、法、阴阳、农、杂、兵等各家学说，涌现了老子、孔子、庄子、孟子、荀子、韩非子、董仲舒、王充、何晏、王弼、韩愈、周敦颐、程颢、程颐、朱熹、陆九渊、王守仁、李贽、黄宗羲、顾炎武、王夫之、康有为、梁启超、孙中山、鲁迅等一大批思想大家，留下了浩如烟海的文化遗产。中国古代大量鸿篇巨制中包含着丰富的哲学社会科学内容、治国理政智慧，为古人认识世界、改造世界提供了重要依据，也为中华文明提供了重要内容，为人类文明作出了重大贡献。"② 中华文化虽历经朝代更迭、外族入侵却绵延数千年不绝，成为世界文明史上唯一没有中断的文化，已经融入中华民族的血脉。如果我们不能很好地传承和弘扬中华民族优秀传统文化，就难以实现在文化上的自强，中华民族的伟大复兴就会失去"根"和"魂"③。

（二）中华优秀传统文化是中华民族的基因和精神象征

中华民族在 5 000 多年的文明发展进程中创造了博大精深的文化。习近平总书记指出："中华文明源远流长，蕴育了中华民族的宝贵精神品格，培育了中国人民的崇高价值追求。自强不息、厚德载物的思想，支撑着中华民族生生不息、薪火相传，今天依

---

① 习近平. 在第十二届全国人民代表大会第一次会议上的讲话. 人民日报，2013-03-18.
② 习近平. 在哲学社会科学工作座谈会上的讲话. 人民日报，2016-05-19.
③ 优秀传统文化是中华民族的"根"和"魂". 衡阳日报，2017-06-13.

然是我们推进改革开放和社会主义现代化建设的强大精神力量。"① "中华文化源远流长,积淀着中华民族最深层的精神追求,代表着中华民族独特的精神标识,为中华民族生生不息、发展壮大提供了丰厚滋养。"② "中华优秀传统文化已经成为中华民族的基因,植根在中国人内心,潜移默化影响着中国人的思想方式和行为方式。"③ 此外,中华优秀传统文化对个人的健康成长和发展也具有独特的价值。正如习近平总书记指出的,"中国传统文化博大精深,学习和掌握其中的各种思想精华,对树立正确的世界观、人生观、价值观很有益处。……学史可以看成败、鉴得失、知兴替;学诗可以情飞扬、志高昂、人灵秀;学伦理可以知廉耻、懂荣辱、辨是非"④,告诫学员们要多学习,要有"先天下之忧而忧,后天下之乐而乐"的政治抱负,"位卑未敢忘忧国""苟利国家生死以,岂因祸福避趋之"的报国情怀,"富贵不能淫,贫贱不能移,威武不能屈"的浩然正气,"人生自古谁无死,留取丹心照汗青""鞠躬尽瘁,死而后已"的献身精神,把优秀传统文化和民族精神继承和发扬下去。

(三) 中华优秀传统文化是中华民族的精神命脉

文化是一个国家、一个民族的精神家园,体现着一个国家、一个民族的价值取向、道德规范、思想风貌及行为特征⑤。中华文明是四大古文明中唯一没有中断的文明,中华民族在长期生产

---

① 深入开展学习宣传道德模范活动 为实现中国梦凝聚有力道德支撑. 人民日报,2013-09-27.
② 习近平. 习近平谈治国理政. 北京:外文出版社,2014:164.
③ 同②170.
④ 习近平. 在中央党校建校80周年庆祝大会暨2013年春季学期开学典礼上的讲话. 人民日报,2013-03-03.
⑤ 李锐. 为什么要弘扬中华优秀传统文化. 光明日报,2019-03-28.

生活实践中产生和形成的优秀传统文化，为中华民族的生息、发展和壮大提供了丰厚的精神滋养。中华优秀传统文化是中华5 000多年文明的结晶，是中华民族的独特标识。习近平总书记指出，这些思想文化体现着中华民族世世代代在生产生活中形成和传承的世界观、人生观、价值观、审美观等，其中最核心的内容已经成为中华民族最基本的文化基因。这些最基本的文化基因，是中华民族和中国人民在修齐治平、尊时守位、知常达变、开物成务、建功立业过程中逐渐形成的有别于其他民族的独特标识。中华优秀传统文化对中华文明形成并延续发展几千年而从未中断，对形成和维护中国团结统一的政治局面，对形成和巩固中国多民族和合一体的大家庭，对形成和丰富中华民族精神，对激励中华儿女维护民族独立、反抗外来侵略，对推动中国社会发展进步、促进中国社会利益和社会关系平衡，等等，都发挥了十分重要的作用。也就是说，中华民族之所以是中华民族，就是因为中华优秀传统文化赋予的精神气质。中华优秀传统文化是中华民族的"根"与"魂"，"优秀传统文化是一个国家、一个民族传承和发展的根本，如果丢掉了，就割断了精神命脉"，"文明特别是思想文化是一个国家、一个民族的灵魂"。一个国家和民族如果丧失了根脉、丢掉了灵魂，就无法在世界上立足，更何谈成长与壮大。在新时代，我们要将传承和弘扬中华优秀传统文化与涵养社会主义核心价值观、建设中国特色社会主义精神文明有机统一、紧密结合，不断铸就中华文化新辉煌。

三、中华优秀传统文化是中国特色社会主义教育的文化沃土

置身于中国特色社会主义建设这一伟大实践中，习近平坚持

不忘本来，对中华优秀传统文化与"中国特色"之间的天然联结、中华优秀传统文化与国家文化软实力的结构性关联、中华优秀传统文化与文化自信的必然联系进行了深入、具体、细致的阐述。

中华优秀传统文化"积淀着中华民族最深沉的精神追求，代表着中华民族独特的精神标识，为中华民族生生不息、发展壮大提供了丰富滋养"，是中国特色社会主义教育的文化沃土。中国共产党作为"中华优秀传统文化的忠实继承者、弘扬者和建设者"，又是中国先进文化的积极倡导者和发展者，当前迫切需要深化对中华优秀传统文化重要性的认识，进一步增强文化自觉和文化自信；迫切需要深入挖掘中华优秀传统文化的价值内涵，进一步激发中华优秀传统文化的生机与活力；迫切需要加强政策支持，着力构建中华优秀传统文化的传承发展体系。不管我们走到哪里，中国传统文化永远是我们的根，是我们区别于他人的深层标识所在。中国话语就是用汉语表达马克思主义，用汉语说新话，让现代世界的人们理解和接受我们的理念。面对外来文化的冲击和影响，"实施中华优秀传统文化传承发展工程对于维护国家文化安全、增强国家文化软实力具有重要意义"①。

（一）中华优秀传统文化是中国特色社会主义教育的文化根基

在中华优秀传统文化与"中国特色"之间的天然联结方面，习近平明确指出，中华优秀传统文化是中国特色的文化积淀和中国特色社会主义的文化沃土。在 2013 年 8 月 19 日的全国宣传思想工作会议上他说："宣传阐释中国特色，要讲清楚每个国家和民

---

① 刘德中. 红色文化是传统文化发展的灵魂：古为今用，打造中国话语，确立文化自信. 红色文化资源研究，2017（1）：69-76.

族的历史传统、文化积淀、基本国情不同,其发展道路必然有着自己的特色;讲清楚中华文化积淀着中华民族最深沉的精神追求,是中华民族生生不息、发展壮大的丰厚滋养;讲清楚中华优秀传统文化是中华民族的突出优势,是我们最深厚的文化软实力;讲清楚中国特色社会主义植根于中华文化沃土、反映中国人民意愿、适应中国和时代发展进步要求,有着深厚历史渊源和广泛现实基础。中华民族创造了源远流长的中华文化,中华民族也一定能够创造出中华文化新的辉煌。独特的文化传统,独特的历史命运,独特的基本国情,注定了我们必然要走适合自己特点的发展道路。"① 2014年8月20日,在纪念邓小平同志诞辰110周年座谈会上,习近平指出:"中华民族创造了具有5 000多年悠久历史的辉煌文明,中国人民在中国共产党领导下创造了建设社会主义的辉煌成就,我们应该在这个基础上继续创造。我们自己不足、不好的东西,要努力改革。外国有益、好的东西,我们要虚心学习。但是,不能全盘照搬外国,更不能接受外国不好的东西;不能妄自菲薄,不能数典忘祖。"新民主主义革命的胜利成果决不能丢失,社会主义革命和建设的成就决不能否定,改革开放和社会主义现代化建设的方向决不能动摇。这是党和人民在当今世界安身立命、风雨前行的资格。中国近代以来的全部历史告诉我们,中国的事情必须按照中国的特点、中国的实际来办,这是解决中国所有问题的正确之道。显然,"中国特色"内蕴着、体现着、创新着中华优秀传统文化,中华优秀传统文化规定着、孕育着、涵养着"中国特色",二者在当代中国相依相偎、携手并进。

---

① 习近平. 习近平谈治国理政. 北京:外文出版社,2014:155-156.

(二) 中华优秀传统文化是最深厚的文化软实力

在中华优秀传统文化与国家文化软实力的结构性关联方面,习近平明确提出"中华优秀传统文化是我们最深厚的文化软实力,也是中国特色社会主义植根的文化沃土"①,在此基础上,着重从培育和弘扬社会主义核心价值观、推进国家治理体系和治理能力现代化两个维度深刻论述了中华优秀传统文化与国家文化软实力提升内在的结构性关联。一方面,习近平明确了中华优秀传统文化是涵养社会主义核心价值观的重要源泉,指出:"核心价值观是文化软实力的灵魂、文化软实力建设的重点。这是决定文化性质和方向的最深层次要素。一个国家的文化软实力,从根本上说,取决于其核心价值观的生命力、凝聚力、感召力。"②"培育和弘扬社会主义核心价值观必须立足中华优秀传统文化。牢固的核心价值观,都有其固有的根本。抛弃传统、丢掉根本,就等于割断了自己的精神命脉。"③"要认真汲取中华优秀传统文化的思想精华和道德精髓,大力弘扬以爱国主义为核心的民族精神和以改革创新为核心的时代精神,深入挖掘和阐发中华优秀传统文化讲仁爱、重民本、守诚信、崇正义、尚和合、求大同的时代价值,使中华优秀传统文化成为涵养社会主义核心价值观的重要源泉。"④他还讲道:"中华文明绵延数千年,有其独特的价值体系。……今天,我们提倡和弘扬社会主义核心价值观,必须从中汲取丰富营

---

① 牢记历史经验历史教训历史警示 为国家治理能力现代化提供有益借鉴.人民日报,2014-10-14.
② 习近平.习近平谈治国理政.北京:外文出版社,2014:163.
③ 同②163-164.
④ 同②164.

养,否则就不会有生命力和影响力。"① "坚守我们的价值体系,坚守我们的核心价值观,必须发挥文化的作用。民族文化是一个民族区别于其他民族的独特标识。"② 另一方面,习近平提出,"一个国家的治理体系和治理能力是与这个国家的历史传承和文化传统密切相关的"③。习近平分析了中华民族优秀传统文化为今天治国理政提供了丰富的"镜鉴"资源,指出"在漫长的历史进程中,中华民族创造了独树一帜的灿烂文化,积累了丰富的治国理政经验,其中既包括升平之世社会发展进步的成功经验,也有衰乱之世社会动荡的深刻教训。……中国的今天是从中国的昨天和前天发展而来的。要治理好今天的中国,需要对我国历史和传统文化有深入了解,也需要对我国古代治国理政的探索和智慧进行积极总结"④。同时,习近平旗帜鲜明地提出"解决中国的问题只能在中国大地上探寻适合自己的道路和办法",指出"数千年来,中华民族走着一条不同于其他国家和民族的文明发展道路。我们开辟了中国特色社会主义道路不是偶然的,是我国历史传承和文化传统决定的。我们推进国家治理体系和治理能力现代化,当然要学习和借鉴人类文明的一切优秀成果,但不是照搬其他国家的政治理念和制度模式,而是要从我国的现实条件出发来创造性前进"⑤。

(三) 学习中华优秀传统文化、增强文化自信

在中华优秀传统文化与文化自信的必然联系方面,习近平2013年12月30日在中共中央政治局第十二次集体学习时指出:

---

① 习近平. 习近平谈治国理政. 北京:外文出版社,2014:170.
② 同①106.
③④⑤牢记历史经验历史教训历史警示 为国家治理能力现代化提供有益借鉴. 人民日报,2014-10-14.

扎根于中华民族优良教育传统与中华文明的沃土

"对中国人民和中华民族的优秀文化和光荣历史,要加大正面宣传力度,通过学校教育、理论研究、历史研究、影视作品、文学作品等多种方式,加强爱国主义、集体主义、社会主义教育,引导我国人民树立和坚持正确的历史观、民族观、国家观、文化观,增强做中国人的骨气和底气。"2014年2月24日在中共中央政治局第十三次集体学习时,习近平更进一步指明:"要讲清楚中华优秀传统文化的历史渊源、发展脉络、基本走向,讲清楚中华文化的独特创造、价值理念、鲜明特色,增强文化自信和价值观自信。"此后,2016年5月17日在哲学社会科学工作座谈会上,2016年11月30日在中国文学艺术界联合会第十次全国代表大会、中国作家协会第九次全国代表大会开幕式上,习近平集中阐述了中华优秀传统文化与文化自信的必然联系。2014年10月15日在文艺工作座谈会上,习近平明确提出:"中华优秀传统文化是中华民族的精神命脉,是涵养社会主义核心价值观的重要源泉,也是我们在世界文化激荡中站稳脚跟的坚实根基。增强文化自觉和文化自信,是坚定道路自信、理论自信、制度自信的题中应有之义。"在谈到我们坚定文化自信的底气与凭借时,习近平在不同的讲话中指出:"绵延几千年的中华文化,是中国特色哲学社会科学成长发展的深厚基础。我说过,站立在960万平方公里的广袤土地上,吸吮着中华民族漫长奋斗积累的文化养分,拥有13亿中国人民聚合的磅礴之力,我们走自己的路,具有无比广阔的舞台,具有无比深厚的历史底蕴,具有无比强大的前进定力,中国人民应该有这个信心,每一个中国人都应该有这个信心。我们说要坚定中国特色社会主义道路自信、理论自信、制度自信,说到底是要坚定文化自信。"[①] "在每一个历史时期,中华民族都留下了无

---

① 习近平. 在哲学社会科学工作座谈会上的讲话. 人民日报,2016-05-19.

数不朽作品。从诗经、楚辞、汉赋，到唐诗、宋词、元曲、明清小说等，共同铸就了灿烂的中国文艺历史星河。中华民族文艺创造力是如此强大、创造的成就是如此辉煌，中华民族素有文化自信的气度，我们应该为此感到无比自豪，也应该为此感到无比自信。"① "我们有本事做好中国的事情，还没有本事讲好中国的故事？我们应该有这个信心！"② 在谈到抛弃或背叛历史文化传统可能带来的后果时，习近平告诫我们，"历史和现实都表明，一个抛弃了或者背叛了自己历史文化的民族，不仅不可能发展起来，而且很可能上演一幕幕历史悲剧"。在此基础上，习近平反复强调重申坚定文化自信、坚持传承和弘扬优秀传统文化对于中华民族伟大复兴的特殊意义："文化是一个国家、一个民族的灵魂。……文化自信，是更基础、更广泛、更深厚的自信，是更基本、更深沉、更持久的力量。"③ 他明确把坚定文化自信摆在了"事关国运兴衰、事关文化安全、事关民族精神独立性的大问题"④ 的政治高度、战略高度加以认识。"今天我们发展文化，必须立足于我们已有的文化沃土，继承和发扬优秀的文化基因。"⑤ 深厚的民族传统文化、科学的马克思主义指导思想、丰富的革命文化是中国文化的根基，是我们在激荡的世界文化中站稳脚跟的"定海神针"，必须坚持文化自信，传承和弘扬优秀文化、先进文化。"文化自信最重要的是对中国共产党领导人民群众近一百年来在革命和建设新中国过程中创造的红色革命文化、红色中国社会主义文化的自信。"⑥

---

① 习近平. 在中国文联十大、中国作协九大开幕式上的讲话. 人民日报，2016-12-01.
② 中共中央文献研究室. 习近平关于社会主义文化建设论述摘编. 北京：中央文献出版社，2017：208-209.
③④ 同①.
⑤ 在文化自强中走向兴盛. 人民日报（海外版），2016-08-24.
⑥ 刘德中. 红色文化是传统文化发展的灵魂：古为今用，打造中国话语，确立文化自信. 红色文化资源研究，2017（1）：69.

四、在继承和创造性发展中建设社会主义文化强国

（一）对中华优秀传统文化进行"创造性转化、创新性发展"

立足于中华民族伟大复兴历史使命及其时代特征的特定坐标，习近平面向未来，紧扣时代脉搏，将我们党对待中国历史、中国文化的辩证态度和马克思主义实践性现实性品格与时代发展紧密结合，指出要处理好继承和创造性发展的关系，重点做好创造性转化和创新性发展，指明了建设社会主义文化强国的必然要求、内生动力和必由之路。

"创造性转化、创新性发展"这一时代命题，是 2013 年 12 月 30 日习近平在主持中共中央政治局第十二次集体学习时讲到弘扬中华传统美德问题时首次提出，他指出："要继承和弘扬我国人民在长期实践中培育和形成的传统美德，坚持马克思主义道德观、坚持社会主义道德观，在去粗取精、去伪存真的基础上，坚持古为今用、推陈出新，努力实现中华传统美德的创造性转化、创新性发展，引导人们向往和追求讲道德、尊道德、守道德的生活，让 13 亿人的每一分子都成为传播中华美德、中华文化的主体。"[①] 2014 年 2 月 17 日在省部级主要领导干部学习贯彻十八届三中全会精神全面深化改革专题研讨班开班式上，以及在 2014 年 2 月 24 日在中共中央政治局第十三次集体学习时，习近平再次加以强调。2014 年 3 月 27 日，习近平在巴黎联合国教科文组织总部发表重要演讲，提出推动中华文明创造性转化和创新性发展。对中华优秀传统文化进行创造性转化、创新性发展，根本在于中华优

---

① 建设社会主义文化强国　着力提高国家文化软实力．人民日报，2014-01-01．

秀传统文化与社会主义市场经济、民主政治、先进文化、社会治理等还存在需要协调适应的地方,"要处理好继承和创造性发展的关系,重点做好创造性转化和创新性发展"①。所谓创造性转化,"就是要按照时代特点和要求,对那些至今仍有借鉴价值的内涵和陈旧的表现形式加以改造,赋予其新的时代内涵和现代表达形式,激活其生命力";所谓创新性发展,"就是要按照时代的新进步新进展,对中华优秀传统文化的内涵加以补充、拓展、完善,增强其影响力和感召力"②。

对中华优秀传统文化进行"创造性转化、创新性发展",是对我们党历来奉行的古为今用、推陈出新原则一脉相承的延续与与时俱进的发展。对中华优秀传统文化进行"创造性转化、创新性发展",是以扬弃这一批判性继承为前提的。2013年11月28日在山东考察工作时,习近平强调,一个国家、一个民族的强盛,总是以文化兴盛为支撑的,中华民族伟大复兴需要以中华文化发展繁荣为条件。对历史文化特别是先人传承下来的道德规范,要坚持古为今用、推陈出新,有鉴别地加以对待,有扬弃地予以继承,努力用中华民族创造的一切精神财富来以文化人、以文育人。2014年10月13日在中共中央政治局第十八次集体学习时,习近平再次指明:"我们要对传统文化进行科学分析,对有益的东西、好的东西予以继承和发扬,对负面的、不好的东西加以抵御和克服,取其精华、去其糟粕,而不能采取全盘接受或者全盘抛弃的绝对主义态度。"③

对中华优秀传统文化进行"创造性转化、创新性发展",其实

---

① 习近平. 习近平谈治国理政. 北京:外文出版社,2014:164.
② 中共中央宣传部. 习近平总书记系列重要讲话读本(2016年版). 北京:学习出版社,2016:203.
③ 牢记历史经验历史教训历史警示 为国家治理能力现代化提供有益借鉴. 人民日报,2014-10-14.

质是要跨越时空、超越国度来完成中华优秀传统文化当代性意涵的挖掘、创生、复兴、发展与传扬。对此，习近平进行了一系列表述："在 5 000 多年文明发展进程中，中华民族创造了博大精深的灿烂文化，要使中华民族最基本的文化基因与当代文化相适应、与现代社会相协调，以人们喜闻乐见、具有广泛参与性的方式推广开来，把跨越时空、超越国度、富有永恒魅力、具有当代价值的文化精神弘扬起来，把继承传统优秀文化又弘扬时代精神、立足本国又面向世界的当代中国文化创新成果传播出去。"① "中华民族创造了具有 5 000 多年悠久历史的辉煌文明，中国人民在中国共产党领导下创造了建设社会主义的辉煌成就，我们应该在这个基础上继续创造。"② "实现中国梦，是物质文明和精神文明比翼双飞的发展过程。随着中国经济社会不断发展，中华文明也必将顺应时代发展焕发出更加蓬勃的生命力。"③ "中国优秀传统文化的丰富哲学思想、人文精神、教化思想、道德理念等，可以为人们认识和改造世界提供有益启迪，可以为治国理政提供有益启示，也可以为道德建设提供有益启发。对传统文化中适合于调理社会关系和鼓励人们向上向善的内容，我们要结合时代条件加以继承和发扬，赋予其新的涵义。"④ "中华民族有着深厚文化传统，形成了富有特色的思想体系，体现了中国人几千年来积累的知识智慧和理性思辨。这是我国的独特优势。中华文明延续着我们国家和民族的精神血脉，既需要薪火相传、代代守护，也需要与时俱进、推陈出新。要加强对中华优秀传统文化的挖掘和阐发，使

---

① 建设社会主义文化强国 着力提高国家文化软实力. 人民日报，2014-01-01.
② 习近平. 在纪念邓小平同志诞辰110周年座谈会上的讲话. 人民日报，2014-08-21.
③ 习近平. 在联合国教科文组织总部的演讲. 人民日报，2014-03-28.
④ 习近平. 在纪念孔子诞辰2 565周年国际学术研讨会暨国际儒学联合会第五届会员大会开幕会上的讲话. 人民日报，2014-09-25.

中华民族最基本的文化基因与当代文化相适应、与现代社会相协调，把跨越时空、超越国界、富有永恒魅力、具有当代价值的文化精神弘扬起来。要推动中华文明创造性转化、创新性发展，激活其生命力，让中华文明同各国人民创造的多彩文明一道，为人类提供正确精神指引。要围绕我国和世界发展面临的重大问题，着力提出能够体现中国立场、中国智慧、中国价值的理念、主张、方案。我们不仅要让世界知道'舌尖上的中国'，还要让世界知道'学术中的中国'、'理论中的中国'、'哲学社会科学中的中国'，让世界知道'发展中的中国'、'开放中的中国'、'为人类文明作贡献的中国'。"① "要集中讲好中国故事，传播好中国声音，向世界展现一个真实的中国、立体的中国、全面的中国。……我们业已形成的符合中国国情的道路不能走偏，我国 5 000 多年没有断流的文化更不能丢掉。要坚守中华文化立场、传承中华文化基因、展现中华审美风范，从中华民族的辉煌历史和国家发展的伟大成就中汲取精神力量，增强文化自信，增强讲好中国故事的底色和底气。"② "中华文化既是历史的、也是当代的，既是民族的、也是世界的。只有扎根脚下这块生于斯、长于斯的土地，文艺才能接住地气、增加底气、灌注生气，在世界文化激荡中站稳脚跟。……我们要坚持不忘本来、吸收外来、面向未来，在继承中转化，在学习中超越，创作更多体现中华文化精髓、反映中国人审美追求、传播当代中国价值观念、又符合世界进步潮流的优秀作品，让我国文艺以鲜明的中国特色、中国风格、中国气派屹立于世。"③

---

① 习近平. 在哲学社会科学工作座谈会上的讲话. 人民日报, 2016 - 05 - 19.
② 中共中央宣传部. 习近平总书记系列重要讲话读本 (2016 年版). 北京: 学习出版社, 2016: 209 - 210.
③ 习近平. 在中国文联十大、中国作协九大开幕式上的讲话. 人民日报, 2016 - 12 - 01.

（二）中华民族优良教育传统与思想精华具有永恒的生命力

与中华民族5 000多年悠久历史和灿烂文化相伴相行，中华民族的教育发展也源远流长，教育传统悠久隽永，教育思想博大精深。中华民族优良教育传统与思想精华本身就是中华民族优秀传统文化宝库中的珍宝，传承和弘扬中华民族优良教育传统与思想精华无疑是传承和弘扬中华民族优秀传统文化的题中之义。同样地，传承和弘扬中华民族优良教育传统与思想精华，也要下一番"创造性转化、创新性发展"的功夫。习近平关于教育的重要论述处处闪耀着中华民族优良教育传统与思想精华当代传承、转化和发展的智慧之光，源远流长、博大精深的中华民族优良教育传统与思想精华是习近平关于教育的重要论述最深沉的文化沃土。关于这一点，习近平关于学习、关于青少年成才、关于教师等一系列重要论述体现得尤为充分。

在谈论学习时，习近平从丰富的中华教育思想宝库中采撷精粹，就学习的境界、学习的功用、学习的目的、学习的动力、学习的方法、学习的范围、学习的品质进行了详尽而细致的论述，恰到好处地使流传千年的中华民族优良教育传统萌发新意。早在担任浙江省主要领导时，习近平就引用《庄子·养生主》里的一句古语"吾生也有涯，而知也无涯"来说明面对浩瀚的知识，要不间断地、持续地学习、充电，指出人的精力是有限的，建议领导干部应当读三类书：当代中国马克思主义理论著作、做好领导工作必需的各种知识书籍、古今中外优秀传统文化书籍。在担任中央党校校长时，在中央党校2009年春季学期第二批进修班暨专题研讨班开学典礼上，习近平引用苏轼《和董传留别》的诗句

"腹有诗书气自华"来告诫领导干部要爱读书读好书善读书①。2013年3月1日在中央党校建校80周年庆祝大会暨2013年春季学期开学典礼上,习近平对学习进行了系统深入的阐述,指出"学习的目的全在于运用。领导干部加强学习,根本目的是增强工作本领、提高解决实际问题的水平。'空谈误国,实干兴邦',说的就是反对学习和工作中的'空对空'。战国赵括'纸上谈兵'、两晋学士'虚谈废务'的历史教训大家都要引为鉴戒。读书是学习,使用也是学习,并且是更重要的学习。领导干部要发扬理论联系实际的马克思主义学风,带着问题学,拜人民为师,做到干中学、学中干、学以致用、用以促学、学用相长,千万不能夸夸其谈、陷于'客里空'"②,从而赋予"学以致用"这一中华民族教育传统新意,丰富了其思想内涵;在谈到兴趣是激励学习的最好老师时,习近平引用《论语·雍也》的一句话"知之者不如好之者,好之者不如乐之者",引导"领导干部应该把学习作为一种追求、一种爱好、一种健康的生活方式,做到好学乐学。有了学习的浓厚兴趣,就可以变'要我学'为'我要学',变'学一阵'为'学一生'"③;在谈到学习与思考、学习与实践的关系时,习近平引用了《论语·为政》中的"学而不思则罔,思而不学则殆"来说明学习和思考、学习和实践相辅相成的关系,指出"你脑子里装着问题了,想解决问题了,想把问题解决好了,就会去学习,就会自觉去学习"④。2013年10月21日在欧美同学会成立100周年庆祝大会上,习近平借用"韦编三绝""悬梁刺股""凿壁借光"

---

① 人民日报评论部. 习近平用典. 北京: 人民日报出版社, 2015: 125 - 127.
② 习近平. 习近平谈治国理政. 北京: 外文出版社, 2014: 406.
③ 同②406 - 407.
④ 同②407.

"囊萤映雪"四个典故，寄语留学生们要以非凡的毅力和劲头矢志刻苦学习，努力扩大知识半径，既读有字之书，也读无字之书，砥砺道德品质，掌握真才实学，练就过硬本领，努力成为堪当大任、能做大事的优秀人才。

习近平尤为关心青少年健康成长成才，在与各界群众书信交流中，习近平回信最多的恰恰是青少年学生群体。在谈到青少年成长成才时，习近平从中华民族教育发展的历史长河中撷取思想瑰宝，从理想信念、道德情操、价值观养成到学习实践、为人做事，事无巨细地爱护和教导青少年健康成才，淋漓尽致地展现了中华民族优良教育传统与思想精华的永恒生命力。2013年5月4日，习近平在同各界优秀青年代表座谈时，引用《尚书·周书》的一句话"功崇惟志，业广惟勤"来说明理想信念的奠基性、决定性意义，寄语广大青年一定要坚定理想信念，避免精神"缺钙"；引用袁枚《续诗品·尚识》中的"学如弓弩，才如箭镞"来说明学识与才能的辩证关系，指出学识是才能的引导，才能是学习的发挥，只要依靠厚实的见识来引导，就可以让才能很好地发挥作用，以此告诫广大青年一定要通过学习和实践来练就过硬本领；引用《礼记·大学》中的"苟日新，日日新，又日新"来鼓励广大青年一定要勇于创新创造，以青春之我，创建青春之国家、青春之民族；引用《警世贤文·勤奋》中的"宝剑锋从磨砺出，梅花香自苦寒来"，激励广大青年一定要矢志艰苦奋斗、自强不息；引用《国语·周语下》中的"从善如登、从恶如崩"来提醒广大青年一定要锤炼高尚品格，始终保持积极的人生态度、良好的道德品质、健康的生活情趣。2014年5月4日在北京大学师生座谈会上，习近平指出："中华文明绵延数千年，有其独特的价值体系。中华优秀传统文化已经成为中华民族的基因，植根在中国人内心，潜移默化影响着中国人的思想方式和行为方式。今天，我们提倡和弘扬社会主义核心价值观，必须从中汲取丰富营养，否则就不会有生命力和影响力。比如，中华文化强调'民惟邦本'、'天人合一'、'和而不同'，强调'天行健，君子以自强不息'、'大道之行也，天下为公'；强调'天下兴亡，匹夫有责'，主张以德治国、以文化人；强调'君子喻于义'、'君子坦荡荡'、'君子义以为质'；强调'言必信，行必果'、'人而无信，不知其可也'；强调'德不孤，必有邻'、'仁者爱人'、'与人为善'、'己所不欲，勿施于人'、'出入相友，守望相助'、'老吾老以及人之老，幼吾幼以及人之幼'、'扶贫济困'、'不患寡而患不均'，等等。像这样的思想和理念，不论过去还是现在，都有其鲜明的民族特色，都有其永不褪色的时代价值。这些思想和理念，既随着时间推移和时代变迁而不断与时俱进，又有其自身的连续性和稳定性。我们生而为中国人，最根本的是我们有中国人的独特精神世界，有百姓日用而不觉的价值观。我们提倡的社会主义核心价值观，就充分体现了对中华优秀传统文化的传承和升华。"[1] 习近平还引用郑燮《竹石》中的诗句"千磨万击还坚劲，任尔东西南北风"，说明只有树立高度的价值观自信，才能站稳价值立场，才能保持强大的前进定力；引用刘昼《刘子·崇学》中的"凿井者，起于三寸之坎，以就万仞之深"来说明青年时期正确价值观养成十分重要，就像穿衣服扣扣子一样，如果第一粒扣子扣错了，剩余的扣子都会扣错，人生的扣子从一开始就要扣好；在提出广大青年树立和培育社会主义核心价值观的四点要求时，习近平引用诸葛亮《诫子书》中的"非学无以广才，非志无以成学"，激励广

---

[1] 习近平. 习近平谈治国理政. 北京：外文出版社，2014：170-171.

大青年要勤学，下得苦功夫，求得真学问；引用《礼记·大学》中的"德者，本也"和《周易·益》中的"见善则迁，有过则改"，叮嘱广大青年要修德，加强道德修养，注重道德实践；引用刘禹锡《浪淘沙九首·其八》中的"千淘万漉虽辛苦，吹尽狂沙始到金"，引导青年要明辨，善于明辨是非，善于决断选择；引用《礼记·中庸》中的"博学之，审问之，慎思之，明辨之，笃行之"和《老子》中的"天下难事，必作于易；天下大事，必作于细"，提醒青年要笃实，扎扎实实干事，踏踏实实做人。2014年5月30日，在北京市海淀区民族小学主持召开座谈会时，习近平引用梁启超《少年中国说》中的"少年智则国智，少年富则国富，少年强则国强，少年进步则国进步"，表明少年儿童是祖国的未来，是中华民族的希望；引用孔子讲的"见贤思齐焉，见不贤而内自省也"，告诉少年儿童榜样的力量是无穷的，要向榜样看齐；引用杜荀鹤《题弟侄书堂》中的诗句"少年辛苦终身事，莫向光阴惰寸功"，告诉少年儿童从小做起，从自己做起、从身边做起、从小事做起，一点一滴积累，养成好思想好品德；引用《三字经》"玉不琢，不成器；人不学，不知义"，告诉少年儿童要接受帮助，听得进意见，受得了批评。2018年5月2日，习近平在北京大学师生座谈会上引用陆游《冬夜读书示子聿》中的诗句"纸上得来终觉浅，绝知此事要躬行"和《荀子·修身》中的"道虽迩，不行不至；事虽小，不为不成"，告诫广大青年要力行，知行合一，做实干家。

在谈到教师的职业与使命时，习近平传承了中华民族自古以来尊师重教、崇智尚学的优良传统，从国家繁荣、民族振兴百年大计出发，全面阐述了新时代"做党和人民满意的好老师"的教师观，言简意赅地彰显了中华民族优良教育传统与思想精华的当代价值。尊师重教是中华民族最古老最持久最具影响的教育传统之一，教师在历朝历代都获得尊重和重视。荀子云："国将兴，必贵师而重傅；贵师而重傅，则法度存。国将衰，必贱师而轻傅；贱师而轻傅，则人有快；人有快，则法度坏。"我国第一部关于教育教学问题的论著《学记》载："凡学之道，严师为难。师严然后道尊，道尊然后民知敬学。"宋代教育家李觏曾言："善之本在教，教之本在师。"[①] 习近平传承和拓展了教师是教育教学之本、国运兴衰系于教师这一中国古代教育思想，指出教师是人类历史上最古老的职业之一，也是最伟大、最神圣的职业之一，是"立教之本、兴教之源"[②]，"百年大计，教育为本。教育大计，教师为本"[③]，国家繁荣、民族振兴、教育发展，需要我们大力培养造就一支师德高尚、业务精湛、结构合理、充满活力的高素质专业化教师队伍，需要涌现一大批好老师，"今天的学生就是未来实现中华民族伟大复兴中国梦的主力军，广大教师就是打造这支中华民族'梦之队'的筑梦人"[④]。由此出发，习近平从中国传统教育思想汲取智慧之源，从理想信念、道德情操、扎实学识、仁爱之心四维向度深入回答了"什么是好老师、如何成为好老师"这一教师队伍建设的根本问题。习近平引用韩愈《师说》中的"师者，所以传道授业解惑也"和《周书·卷四十五·列传第三十七》中的"经师易求，人师难得"，指明做好老师，要有理想信念，要心中有国家和民族，要明确意识到肩负的国家使命和社会责任，是"经师"和"人师"的统一，既要精于"授业""解惑"，更要以

---

① 李觏. 李觏集. 北京：中华书局，1981：227.
② 习近平向全国广大教师致慰问信. 人民日报，2013-09-10.
③④ 习近平. 做党和人民满意的好老师：同北京师范大学师生代表座谈时的讲话. 人民日报，2014-09-10.

"传道"为责任和使命；引用《礼记·文王世子》中的"师也者，教之以事而喻诸德者也"和扬雄《法言》中的"师者，人之模范也"，指明做好老师，要有道德情操，应该是以德施教、以德立身的楷模，必须率先垂范、以身作则，引导和帮助学生把握好人生方向，特别是引导和帮助青少年学生扣好人生的第一粒扣子；引用庄周《逍遥游》中的"水之积也不厚，则其负大舟也无力"和陶行知先生所言"出世便是破蒙，进棺材才算毕业"，指明做好老师，要有扎实学识，是"智者"，不仅要有胜任教学的专业知识，还要有广博的通用知识和宽阔的胸怀视野，具备学习、处世、生活、育人的智慧，既授人以鱼，又授人以渔，能够在各个方面给学生以帮助和指导；将孟子"仁者爱人"主张引申为"仁而爱人"，指明做好老师还要有仁爱之心，是仁师，具有尊重学生、理解学生、宽容学生的品质，做到"学而不厌、诲人不倦"，有教无类，因材施教，教也多术，使学生充满自信、昂首挺胸，又通过尊重学生的言传身教教育学生尊重他人。2014年5月4日，在北京大学师生座谈会上，习近平引用梅贻琦先生的名言"所谓大学者，非谓有大楼之谓也，有大师之谓也"，指明教师既是学问之师，又是品行之师，要时刻铭记教书育人的使命，甘当人梯，甘当铺路石，以人格魅力引导学生心灵，以学术造诣开启学生的智慧之门。

在谈到科技创新这一当代命题时，习近平追古溯今、以史为镜，从中华民族传统文化精粹中获得启发和灵感，触类旁通、融合创新，别开生面地拓展了传统教育思想的意蕴与内涵。2014年6月9日，在中国科学院第十七次院士大会、中国工程院第十二次院士大会上，习近平引用司马迁《史记·淮南衡山列传》中的"聪者听于无声，明者见于未形"，说明科技竞争就像短道速滑，是速度和耐力的比拼，因此要下好先手棋，打好主动仗；引用《荀子·劝学》中的"骐骥一跃，不能十步；驽马十驾，功在不舍。锲而舍之，朽木不折；锲而不舍，金石可镂"，寄语广大科技工作者要敢于担当、勇于超越、找准方向、扭住不放，牢固树立敢为天下先的志向和信心，敢于走别人没有走过的路，在攻坚克难中追求卓越，勇于创造引领世界潮流的科技成果；引用班固《汉书·武帝纪》中的"盖有非常之功，必待非常之人"、《诗经·大雅·文王》中的"思皇多士，生此王国。王国克生，维周之桢；济济多士，文王以宁"、《管子·权修》中的"一年之计，莫如树谷；十年之计，莫如树木；终身之计，莫如树人"，指出尊重人才是中华民族的悠久传统，强调千秋基业，人才为先，人才是科技创新最关键的因素，必须大力培养造就规模宏大、结构合理、素质优良的创新型科技人才；引用柳宗元《种树郭橐驼传》中的"顺木之天，以致其性"，表达要按照人才成长规律改进人才培养机制，避免急功近利、拔苗助长；引用龚自珍《己亥杂诗》中的诗句"我劝天公重抖擞，不拘一格降人才"，寄语广大院士不仅要做科技创新的开拓者，更要做提携后学的领路人。2018年5月28日，在中国科学院第十九次院士大会、中国工程院第十四次院士大会上，习近平引用《墨经》中的"力，形之所以奋也"，指出创新是第一动力，提供高质量科技供给，着力支撑现代化经济体系建设；引用孙中山《建国方略·自序》中的"吾心信其可行，则移山填海之难，终有成功之日；吾心信其不可行，则反掌折枝之易，亦无收效之期也"，表达矢志不移自主创新的信念和决心；引用屈原《离骚》中的"亦余心之所善兮，虽九死其犹未悔"，激发广大科技工作者创新的豪情，勇于攻坚克难、追求卓越、赢得胜利，积极抢占科技竞争和未来发展制高点；引用《周易·系辞下》

中的"穷则变，变则通，通则久"，指明新时代全面深化改革决心不能动摇、勇气不能减弱，要敢于啃硬骨头，敢于涉险滩、闯难关，破除一切制约科技创新的思想障碍和制度藩篱，最大限度解放和激发科技作为第一生产力所蕴藏的巨大潜能；引用戚继光《望阙台》中的"繁霜尽是心头血，洒向千峰秋叶丹"和范仲淹《岳阳楼记》语句"先天下之忧而忧，后天下之乐而乐"，讴歌两院院士深厚的爱国主义情怀和隐姓埋名、无私奉献的英雄精神；引用出自扬雄《法言》的"人必其自爱也，而后人爱诸；人必其自敬也，而后人敬诸"，寄语广大院士善养浩然正气，言为士则、行为世范，提携后学、甘当人梯，在全社会树立良好道德风尚；引用魏源《默觚下·治篇九》中的"人材者，求之则愈出，置之则愈匮"，要求各级党委和政府要以识才的慧眼、爱才的诚意、用才的胆识、容才的雅量、聚才的良方，放手使用优秀青年人才，为青年人才成才铺路搭桥，让他们成为有思想、有情怀、有责任、有担当的社会主义建设者和接班人。

五、中华文化中的红色教育传统

我们党领导各族人民在进行革命、建设和改革的历史实践中，创造了鲜明独特、奋发向上的红色文化。从井冈山精神、长征精神、延安精神、西柏坡精神，到雷锋精神、大庆精神、"两弹一星"精神，再到载人航天精神、北京奥运精神、抗震救灾精神，这些富有时代特征、民族特色的宝贵财富，不断实现着中华文化的再生再造，为我们在新的历史条件下推进文化建设奠定了坚实基础，为落实立德树人根本任务、培养社会主义建设者和接班人提供了宝贵资源。

习近平关于教育的重要论述是对红色传统、革命文化的传承与发扬。在深厚博大的中华优秀传统文化宝库中不断汲取滋养的同时，习近平关于教育的重要论述深深扎根于中国共产党带领全国人民开辟的红色传统、革命文化之中，以新时代中国共产党人更加坚定的文化自觉与自信履行"红色基因代代相传"的历史使命。

2013年至2016年初，习近平在西柏坡、临沂、铜川、金寨等革命老区考察时，都强调要重温革命历史、弘扬革命精神、传承红色基因、抓好革命教育。习近平说："对我们共产党人来说，中国革命历史是最好的营养剂。多重温这些伟大历史，心中就会增添很多正能量。"① "沂蒙精神与延安精神、井冈山精神、西柏坡精神一样，是党和国家的宝贵精神财富，要不断结合新的时代条件发扬光大。"② "要把红色资源利用好、把红色传统发扬好、把红色基因传承好。"③ "要加强对革命根据地历史的研究，总结历史经验，更好发扬革命精神和优良作风。"④ "一寸山河一寸血，一抔热土一抔魂。……我们要沿着革命前辈的足迹继续前行，把红色江山世世代代传下去。革命传统教育要从娃娃抓起，既注重知识灌输，又加强情感培育，使红色基因渗进血液、浸入心扉，引导广大青少年树立正确的世界观、人生观、价值观。"⑤

2016年7月1日，在庆祝中国共产党成立95周年大会上，习近平在讲话中明确指出了文化自信的完整内涵，将革命文化纳入中华文化、社会主义核心价值观的基本规定之中。他说："文化自

---

① 党面临的"赶考"远未结束：习近平总书记再访西柏坡侧记. 人民日报，2013-07-14.
② 认真贯彻党的十八届三中全会精神 汇聚起全面深化改革的强大正能量. 人民日报，2013-11-29.
③ 贯彻全军政治工作会议精神 扎实推进依法治军从严治区. 人民日报，2014-12-16.
④ 向全国人民致以新春祝福 祝祖国繁荣昌盛人民幸福安康. 人民日报，2015-02-17.
⑤ 全面落实"十三五"规划纲要 加强改革创新开创发展新局面. 人民日报，2016-04-28.

信，是更基础、更广泛、更深厚的自信。在5 000多年文明发展中孕育的中华优秀传统文化，在党和人民伟大斗争中孕育的革命文化和社会主义先进文化，积淀着中华民族最深层的精神追求，代表着中华民族独特的精神标识。我们要弘扬社会主义核心价值观，弘扬以爱国主义为核心的民族精神和以改革创新为核心的时代精神，不断增强全党全国各族人民的精神力量。"

2016年10月21日，在纪念红军长征胜利80周年之际，习近平把长征精神列入中国共产党人的红色基因和精神族谱，他指出："伟大长征精神，作为中国共产党人红色基因和精神族谱的重要组成部分，已经深深融入中华民族的血脉和灵魂，成为社会主义核心价值观的丰富滋养，成为鼓舞和激励中国人民不断攻坚克难、从胜利走向胜利的强大精神动力。""每一代人有每一代人的长征路，每一代人都要走好自己的长征路。"

此后，习近平将传承红色基因、不忘初心、继续前进并提，共同作为坚持和发展中国特色社会主义的根本指针和强大动力。2016年9月28日，习近平在纪念刘华清同志诞辰100周年座谈会上说："一切伟大的事业都需要在承前启后、继往开来中推进。我们要发扬光荣传统、传承红色基因，不忘初心、继续前进，努力在坚持和发展中国特色社会主义伟大进程中创造无愧于时代、无愧于人民、无愧于先辈的业绩。这是我们对老一辈革命家最好的纪念。"2016年11月5日，在习近平致新华社建社85周年的贺信中，他说："新华社要不忘初心、继续前进，坚定不移跟党走，牢牢把握正确政治方向和舆论导向，传承红色基因，弘扬优良传统，锐意改革创新，加快融合发展，扩大对外交流，加快建设国际一流的新型世界性通讯社，更好服务于党和国家工作大局，更好服务于广大人民群众，不负党和人民重托。"2018年3月8日，习近平在参加十三届全国人大一次会议山东代表团审议时强调："红色基因就是要传承。中华民族从站起来、富起来到强起来，经历了多少坎坷，创造了多少奇迹，要让后代牢记，我们要不忘初心，永远不可迷失了方向和道路。"

同时，习近平关于"扎根中国大地办大学""办好中国的世界一流大学，必须有中国特色""我国有独特的历史、独特的文化、独特的国情，决定了我国必须走自己的高等教育发展道路，扎实办好中国特色社会主义高校""培育和弘扬社会主义核心价值观""坚持把立德树人作为中心环节，把思想政治工作贯穿教育教学全过程，实现全程育人、全方位育人""培养德智体美全面发展的社会主义建设者和接班人""中国人民具有伟大创造精神、伟大奋斗精神、伟大团结精神、伟大梦想精神"等一系列重要论述，无不处处渗透着传承红色基因、发扬革命传统的思想精髓和精神追求。

六、教育改革要坚持文化自信

文化自信是更基础、更广泛、更深厚的自信。社会主义核心价值观是当代中国精神的集中体现，更是新时代文化自信的核心要义。教育改革要坚持文化自信，就是要发挥好社会主义核心价值观对于国民教育的引领作用，把历史文化和国情教育摆在青少年教育的突出位置，坚持教育对外开放的同时更要讲好中国的教育故事。

（一）文化自信是更基础、更广泛、更深厚的自信

1. 文化自信是更基本、更深沉、更持久的力量

党的十九大报告指出："文化是一个国家、一个民族的灵魂。

扎根于中华民族优良教育传统与中华文明的沃土

文化兴国运兴,文化强民族强。没有高度的文化自信,没有文化的繁荣兴盛,就没有中华民族伟大复兴。要坚持中国特色社会主义文化发展道路,激发全民族文化创新创造活力,建设社会主义文化强国。"在当代社会,综合国力的竞争不仅体现在经济实力、军事实力、科技力量的竞争上,更体现在文化软实力的发展上。"一个国家、一个民族的强盛,总是以文化兴盛为支撑的,中华民族伟大复兴需要以中华文化发展繁荣为条件。"①

文化自信是一个国家发展进步的不竭源泉,是一个民族最动人的精神底色②。习近平总书记在庆祝中国共产党成立95周年大会上指出:"全党要坚定道路自信、理论自信、制度自信、文化自信。"③"文化自信,是更基础、更广泛、更深厚的自信。"④"坚定中国特色社会主义道路自信、理论自信、制度自信,说到底是要坚定文化自信,文化自信是更基本、更深沉、更持久的力量。"⑤更基本的力量就是起决定作用的力量,是整体力量的根基;更深沉的力量就是稳固深厚、坚如磐石的力量,是整体力量的坚强后盾;更持久的力量就是绵延强大、坚忍不拔的力量,为整体力量提供持续发展的后劲和文化耐力。

习近平总书记深刻指出:"古往今来,中华民族之所以在世界有地位、有影响,不是靠穷兵黩武,不是靠对外扩张,而是靠中华文化的强大感召力和吸引力。"⑥ 中华优秀传统文化兼收并蓄、博大精深。革命战争年代我们党创造的以红船精神、井冈山精神、

---

① 认真贯彻党的十八届三中全会精神 汇聚起全面深化改革的强大正能量. 人民日报,2013-11-29.
② 《求是》编辑部. 文化自信是更基本更深沉更持久的力量. 求是,2019 (12):13-20.
③④ 习近平. 在庆祝中国共产党成立95周年大会上的讲话. 人民日报,2016-07-02.
⑤ 习近平. 在哲学社会科学工作座谈会上的讲话. 人民日报,2016-05-19.
⑥ 习近平. 在文艺工作座谈会上的讲话. 北京:人民出版社,2015:3.

长征精神、延安精神、西柏坡精神等为主要内容的革命文化，社会主义建设时期创造的以社会主义核心价值观、民族精神和时代精神等为主要内容的社会主义先进文化，都代表着时代前进的方向，体现着中国特色社会主义的独特优势，为新中国的发展奠定了深厚的文化基础，提供了强大的精神力量。正如习近平所说："站立在960万平方公里的广袤土地上，吸吮着中华民族漫长奋斗积累的文化养分，拥有13亿中国人民聚合的磅礴之力，我们走自己的路，具有无比广阔的舞台，具有无比深厚的历史底蕴，具有无比强大的前进定力。中国人民应该有这个信心，每一个中国人都应该有这个信心。"①

2. 社会主义核心价值观是当代中国精神的集中体现

文化自信的文化，在历史的视野上，是中华优秀传统文化。"中华优秀传统文化是我们最深厚的文化软实力，也是中国特色社会主义植根的文化沃土。"②"中华优秀传统文化已经成为中华民族的基因，植根在中国人内心，潜移默化影响着中国人的思想方式和行为方式。"③

文化自信的文化，在现实的视野上，是党领导人民创造的革命文化和社会主义先进文化。"现在，时代变了，条件变了，我们共产党人为之奋斗的理想和事业没有变"④，实现共产主义仍然是党的最终理想和最高目标。"长征永远在路上"⑤，我们这一代人也要"走好今天的长征路"⑥。

---

① 习近平. 在纪念毛泽东同志诞辰120周年座谈会上的讲话. 人民日报, 2013-12-27.
② 牢记历史经验历史教训历史警示　为国家治理能力现代化提供有益借鉴. 人民日报, 2014-10-14.
③ 习近平. 习近平谈治国理政. 北京: 外文出版社, 2014: 170.
④ 铭记红军丰功伟绩　弘扬伟大长征精神. 人民日报, 2016-09-24.
⑤⑥ 习近平. 在纪念红军长征胜利80周年大会上的讲话. 人民日报, 2016-10-22.

文化自信的文化，在全球的视野上，是构建人类命运共同体的崇高理想。"宇宙只有一个地球，人类共有一个家园。""让和平的薪火代代相传，让发展的动力源源不断，让文明的光芒熠熠生辉，是各国人民的期待，也是我们这一代政治家应有的担当。中国方案是：构建人类命运共同体，实现共赢共享。"①

习近平在党的十九大报告中指出，"中国特色社会主义文化，源自于中华民族五千多年文明历史所孕育的中华优秀传统文化，熔铸于党领导人民在革命、建设、改革中创造的革命文化和社会主义先进文化，植根于中国特色社会主义伟大实践""积淀着中华民族最深层的精神追求，代表着中华民族独特的精神标识"②。其中，社会主义核心价值观是当代中国精神的集中体现，更是新时代文化自信的核心要义，它回答了要建设什么样的国家、建设什么样的社会、培育什么样的公民的重大问题，集中体现了宏观层面的国家与社会以及微观层面的公民与个人所应该遵循的价值取向。"核心价值观是文化软实力的灵魂、文化软实力建设的重点。这是决定文化性质和方向的最深层次要素。一个国家的文化软实力，从根本上说，取决于其核心价值观的生命力、凝聚力、感召力。"③

（二）发挥社会主义核心价值观对国民教育的引领作用

习近平总书记指出，教育改革要坚持文化自信，就是要扎根中国大地办教育，就是要发挥社会主义核心价值观对国民教育的

---

① 习近平. 共同构建人类命运共同体：在联合国日内瓦总部的演讲. 人民日报，2017 - 01 - 20.
② 习近平. 在庆祝中国共产党成立95周年大会上的讲话. 人民日报，2016 - 07 - 02.
③ 习近平. 习近平谈治国理政. 北京：外文出版社，2014：163.

引领作用。

1. 人无德不立，育人的根本在于立德

习近平总书记在北京大学师生座谈会上揭示了核心价值观的真谛："古人说：'大学之道，在明明德，在亲民，在止于至善。'核心价值观，其实就是一种德，既是个人的德，也是一种大德，就是国家的德、社会的德。"① 他进一步指出："国无德不兴，人无德不立。如果一个民族、一个国家没有共同的核心价值观，莫衷一是，行无依归，那这个民族、这个国家就无法前进。"② "道德之于个人、之于社会，都具有基础性意义，做人做事第一位的是崇德修身。"③

习近平总书记非常重视道德在人才培养和人才任用上的意义。他指出："德是首要、是方向，一个人只有明大德、守公德、严私德，其才方能用得其所。"④ 习近平总书记突出强调青少年的道德教育要做好，他曾经说过"广大青年人人都是一块玉，要时常用真善美来雕琢自己，不断培养高洁的操行和纯朴的情感，努力使自己成为高尚的人"⑤。尤其要利用核心价值观引导青少年的成长和成才，"青年的价值取向决定了未来整个社会的价值取向，而青年又处在价值观形成和确立的时期，抓好这一时期的价值观养成十分重要。这就像穿衣服扣扣子一样，如果第一粒扣子扣错了，剩余的扣子都会扣错"⑥。

习近平总书记曾多次强调，要坚持把立德树人作为中心环节，把思想政治工作贯穿教育教学全过程，教育引导学生培育和践行

---

①② 习近平．习近平谈治国理政．北京：外文出版社，2014：168.
③④ 同①173.
⑤ 立德树人德法兼修抓好法治人才培养　励志勤学刻苦磨炼促进青年成长进步．人民日报，2017-05-04.
⑥ 同①172.

社会主义核心价值观,"真正做到以文化人、以德育人,不断提高学生思想水平、政治觉悟、道德品质、文化素养,做到明大德、守公德、严私德"①。

2. 培养担当民族复兴大任的时代新人

培养什么人是教育的首要问题,决定着教育工作的根本任务和目标方向。党的十九大报告提出,"要全面贯彻党的教育方针,落实立德树人根本任务,发展素质教育,推进教育公平,培养德智体美全面发展的社会主义建设者和接班人";在学校思想政治理论课教师座谈会上,习近平更是再次强调要"努力培养担当民族复兴大任的时代新人,培养德智体美劳全面发展的社会主义建设者和接班人"②。习近平总书记将时代新人的成长与中国梦的实现、中华民族的伟大复兴联系起来,他指出:"梦想从学习开始,事业靠本领成就。广大青年要自觉加强学习,不断增强本领。人生的黄金时期在青年。青年时期学识基础厚实不厚实,影响甚至决定自己的一生。"③"要以国家富强、人民幸福为己任,胸怀理想、志存高远,投身中国特色社会主义伟大实践,并为之终生奋斗。"④ "心中有阳光,脚下有力量,为了理想能坚持、不懈怠,才能创造无愧于时代的人生。"⑤ "中国梦归根到底是人民的梦,必须紧紧依靠人民来实现,必须不断为人民造福。"⑥ 国家的命运、民族的命运,事关每一个中国人,而新一代青年人,"要把自己的理想同祖国的前途、把自己的人生同民族的命运紧密联系在

---

① 习近平. 在北京大学师生座谈会上的讲话. 人民日报,2018-05-03.
② 用新时代中国特色社会主义思想铸魂育人 贯彻党的教育方针落实立德树人根本任务. 人民日报,2019-03-19.
③④⑤ 习近平. 在知识分子、劳动模范、青年代表座谈会上的讲话. 人民日报,2016-04-30.
⑥ 习近平. 在第十二届全国人民代表大会第一次会议上的讲话. 人民日报,2013-03-18.

一起，扎根人民，奉献国家"①，勇敢地担当起民族复兴的重任，"在实现中国梦的伟大实践中创造自己的精彩人生"②。

3. 以劳动托起中国梦

习近平总书记曾多次强调劳动之于人、之于社会的重要性。"人世间的一切幸福都需要靠辛勤的劳动来创造。"③ "人民创造历史，劳动开创未来。劳动是推动人类社会进步的根本力量。"④ 劳动在中华民族的萌芽与成长过程中也发挥了重大的作用。"劳动是财富的源泉，也是幸福的源泉。人世间的美好梦想，只有通过诚实劳动才能实现；发展中的各种难题，只有通过诚实劳动才能破解；生命里的一切辉煌，只有通过诚实劳动才能铸就。劳动创造了中华民族，造就了中华民族的辉煌历史，也必将创造出中华民族的光明未来。"⑤

自古以来，中华文化就有崇尚劳动的传统，"一生之计在于勤""一勤天下无难事"。正是古代劳动人民的智慧与汗水铸就了灿烂的中华文化，今天，也应当在全社会牢固树立劳动最光荣、劳动最崇高、劳动最伟大、劳动最美丽的观念。培养德智体美劳全面发展的社会主义建设者和接班人，尤其应当注重落实劳动教育，要在学生中弘扬劳动精神，教育引导学生崇尚劳动、尊重劳动，懂得劳动最光荣、劳动最崇高、劳动最伟大、劳动最美丽的道理，长大后能够辛勤劳动、诚实劳动、创造性劳动，以劳动托起中国梦。

劳动更是社会主义核心价值观的题中应有之义。社会主义核

---

① 习近平．在北京大学师生座谈会上的讲话．人民日报，2018-05-03．
② 习近平．习近平谈治国理政．北京：外文出版社，2014：176．
③ 人民对美好生活的向往　就是我们的奋斗目标．人民日报，2012-11-16．
④⑤ 习近平．在同全国劳动模范代表座谈时的讲话．人民日报，2013-04-29．

心价值观所要求的爱国、敬业、诚信、友善的个人品质，以及要建设什么样的国家、什么样的社会目标，都内在蕴含着劳动的要求。"当前，全国各族人民正满怀信心为实现'两个一百年'奋斗目标而努力。实现我们确立的奋斗目标，归根到底要靠辛勤劳动、诚实劳动、科学劳动。"①

（三）把我国历史文化和国情教育摆在青少年教育的突出位置

习近平总书记指出："中华民族在几千年历史中创造和延续的中华优秀传统文化，是中华民族的根和魂。要把我国历史文化和国情教育摆在青少年教育的突出位置，让青少年更多领略中华文明的博大精深。"②

1. 要用历史教育青年，教育人民

邓小平曾经指出："我们要用历史教育青年，教育人民。"③习近平总书记更是多次强调："历史是最好的老师。"④"我们不是历史虚无主义者，也不是文化虚无主义者，不能数典忘祖、妄自菲薄。"⑤ 他指出，任何一个国家、一个民族都是在承先启后、继往开来中走到今天的。中国共产党人既是中国先进文化的积极引领者和践行者，又是中华优秀传统文化的忠实传承者和弘扬者。

中华优秀传统文化饱含着"先天下之忧而忧，后天下之乐而乐"的政治抱负，"位卑未敢忘忧国""苟利国家生死以，岂因祸

---

① 习近平在乌鲁木齐接见劳动模范和先进工作者、先进人物代表 向全国广大劳动者致以"五一"节问候. 人民日报，2014-05-01.
② 习近平. 在庆祝澳门回归祖国15周年大会暨澳门特别行政区第四届政府就职典礼上的讲话. 人民日报，2014-12-21.
③ 邓小平. 邓小平文选：第3卷. 北京：人民出版社，1993：206.
④⑤ 牢记历史经验历史教训历史警示 为国家治理能力现代化提供有益借鉴. 人民日报，2014-10-14.

福避趋之"的报国情怀,"富贵不能淫,贫贱不能移,威武不能屈"的浩然正气,"人生自古谁无死,留取丹心照汗青""鞠躬尽瘁,死而后已"的献身精神等,"不论过去还是现在,都有其鲜明的民族特色,都有其永不褪色的时代价值。"① 习近平总书记指出:"中华优秀传统文化是中华民族的精神命脉,是涵养社会主义核心价值观的重要源泉,也是我们在世界文化激荡中站稳脚跟的坚实根基。"② "学史可以看成败、鉴得失、知兴替",历史文化教育是青少年教育的重要一环,习近平总书记强调,在教育中,"对历史文化特别是先人传承下来的价值理念和道德规范,要坚持古为今用、推陈出新,有鉴别地加以对待,有扬弃地予以继承,努力用中华民族创造的一切精神财富来以文化人、以文育人"③。"不忘历史才能开辟未来,善于继承才能善于创新"④,进行历史文化教育,更要与以爱国主义为核心的民族精神和以改革创新为核心的时代精神相结合,在继承中发展,在发展中继承,"以古人之规矩,开自己之生面"。

2. 牢牢把握社会主义初级阶段这个最大国情

要办好具有中国特色的社会主义教育事业,要求我们不能割裂中国的传统、国情和民情,尤其进入新时代,必须使教育同党和国家事业发展要求相适应,同人民群众期待相契合,同我国综合国力和国际地位相匹配,把教育放在优先发展的战略地位,办好人民满意的教育。党的十九大报告指出,实现中华民族伟大复兴是近代以来中华民族最伟大的梦想。从全面建成小康社会到基

---

① 习近平. 习近平谈治国理政. 北京:外文出版社,2014:171.
② 习近平. 在文艺工作座谈会上的讲话. 北京:人民出版社,2015:25.
③ 同①164.
④ 习近平. 在纪念孔子诞辰 2 565 周年国际学术研讨会暨国际儒学联合会第五届会员大会开幕会上的讲话. 人民日报,2014-09-25.

本实现现代化，再到全面建成社会主义现代化强国，是新时代中国特色社会主义发展的战略安排。正如习近平总书记所说："社会主义初级阶段是当代中国的最大国情、最大实际。"① "要牢牢把握社会主义初级阶段这个最大国情，牢牢立足社会主义初级阶段这个最大实际。"② 文化发展和教育改革也要紧紧围绕社会主义初级阶段的国情开展，尤其要重视国情教育在青少年教育中的地位和作用，鼓励青年立足于我国国情开启奋斗人生，"中国的未来属于青年，中华民族的未来也属于青年"③，"每一代青年都有自己的际遇和机缘，都要在自己所处的时代条件下谋划人生、创造历史。青年是标志时代的最灵敏的晴雨表，时代的责任赋予青年，时代的光荣属于青年"④。

（四）虚心学习借鉴人类社会创造的一切文明成果

1. 对待不同文明，我们需要比天空更宽阔的胸怀

"中国开放的大门不会关闭，只会越开越大！"⑤ 面对构建人类命运共同体的宏大理想，教育是关键，教育对外开放和交流是必由之路。习近平总书记指出，"中国人早就懂得了'和而不同'的道理"⑥。我们对待人类社会创造的各种文明，"都应该采取学习借鉴的态度，都应该积极吸纳其中的有益成分，使人类创造的

---

① 习近平. 紧紧围绕坚持和发展中国特色社会主义 深入学习宣传贯彻党的十八大精神. 人民日报, 2012-11-19.
② 高举中国特色社会主义伟大旗帜 为决胜全面小康社会实现中国梦而奋斗. 人民日报, 2017-07-28.
③ 立德树人德法兼修抓好法治人才培养 励志勤学刻苦磨炼促进青年成长进步. 人民日报, 2017-05-04.
④ 习近平. 习近平谈治国理政. 北京：外文出版社, 2014：167.
⑤ 习近平. 开放共创繁荣 创新引领未来：在博鳌亚洲论坛2018年年会开幕式上的主旨演讲. 人民日报, 2018-04-11.
⑥ 习近平. 在联合国教科文组织总部的演讲. 人民日报, 2014-03-28.

一切文明中的优秀文化基因与当代文化相适应、与现代社会相协调，把跨越时空、超越国度、富有永恒魅力、具有当代价值的优秀文化精神弘扬起来"①。"傲慢和偏见是文明交流互鉴的最大障碍。"② 习近平总书记特别强调，"要了解各种文明的真谛，必须秉持平等、谦虚的态度"③，"只有在多样中相互尊重、彼此借鉴、和谐共处，这个世界才能丰富多彩，欣欣向荣"④。

2. 讲好中国故事

在教育对外开放、构建人类命运共同体的今天，在促进文明交流互鉴的同时，更要"讲好中国故事，传播好中国声音"⑤。新时代，我们要加快推进教育现代化、建设教育强国、办好人民满意的教育，习近平总书记曾多次提出，要发展具有中国特色、世界水平的现代教育，坚定地走中国特色社会主义教育发展道路，"坚持社会主义办学方向，坚持扎根中国大地办教育，坚持以人民为中心发展教育，坚持深化教育改革创新，坚持把服务中华民族伟大复兴作为教育的重要使命"⑥，坚持自己的本色和特色，"保持对自身文化的自信、耐力、定力。桃李不言，下自成蹊"⑦。"坚持不忘本来、吸收外来、面向未来，在继承中转化，在学习中超越"⑧，我们的教育应当在此基础上更多体现中华文化精髓、反

---

① 习近平. 在纪念孔子诞辰2 565周年国际学术研讨会暨国际儒学联合会第五届会员大会开幕会上的讲话. 人民日报，2014-09-25.
②③ 习近平. 开放共创繁荣 创新引领未来：在博鳌亚洲论坛2018年年会开幕式上的主旨演讲. 人民日报，2018-04-11.
④ 习近平. 携手构建合作共赢新伙伴 同心打造人类命运共同体：在第七十届联合国大会一般性辩论时的讲话. 人民日报，2015-09-29.
⑤ 胸怀大局把握大势着眼大事 努力把宣传思想工作做得更好. 人民日报，2013-08-21.
⑥ 习近平. 坚持中国特色社会主义教育发展道路 培养德智体美劳全面发展的社会主义建设者和接班人. 人民日报，2018-09-11.
⑦ 习近平同德国汉学家、孔子学院教师代表和学习汉语的学生代表座谈. 人民日报，2014-03-30.
⑧ 习近平. 在中国文联十大、中国作协九大开幕式上的讲话. 人民日报，2016-12-01.

映中国人的审美追求、传播当代中国的价值观念又符合世界进步潮流，以鲜明的中国特色、中国风格、中国气派屹立于世。

3. 教育是推动人类文明进步的重要力量

习近平总书记在首届清华大学苏世民书院开学典礼的祝词中强调："教育传承过去、造就现在、开创未来，是推动人类文明进步的重要力量。"他曾在致该项目的贺信中指明，"教育决定着人类的今天，也决定着人类的未来"。在亚欧文明对话大会的开幕式上，习近平总书记指出："这些年来，中国同各国一道，在教育、文化、体育、卫生等领域搭建了众多合作平台，开辟了广泛合作渠道。中国愿同各国加强青少年、民间团体、地方、媒体等各界交流，打造智库交流合作网络，创新合作模式，推动各种形式的合作走深走实，为推动文明交流互鉴创造条件。"① 教育是文化交流与文明对话的重要一环，更是推动人类命运共同体建设与发展的重要动力。

"今天的世界是各国共同组成的命运共同体。战胜人类发展面临的各种挑战，需要各国人民同舟共济、携手努力。教育应该顺此大势，通过更加密切的互动交流，促进对人类各种知识和文化的认知，对各民族现实奋斗和未来愿景的体认，以促进各国学生增进相互了解、树立世界眼光、激发创新灵感，确立为人类和平与发展贡献智慧和力量的远大志向。"②

---

① 习近平. 深化文明交流互鉴 共建亚洲命运共同体：在亚洲文明对话大会开幕式上的主旨演讲. 人民日报，2019－05－16.
② 清华大学苏世民学者项目启动仪式在京举行. 人民日报，2013－04－22.

使各级各类教育更加符合教育规律、更加符合人才成长规律习近平同志在不同场合反复强调，要使教育工作符合教育规律，符合人才成长规律。这是一个内涵极为丰富的论断，需要我们认真思考领会，这也是一种涉及范围很广的指引，需要我们主动去探索和实践。规律，又称为"法则"，它是自然界和社会现象之间存在的本质的、必然的、稳定的和反复出现的关系，它决定着事物发展的方向，不以人的意志为转移。教育活动作为一种社会现象和社会实践活动，也绝无例外，它必然要受到教育规律的制约。扎根中国大地办教育，必须按规律办事。

一、坚持教育优先发展战略

党的十九大报告围绕"优先发展教育事业"做出新的全面部署，明确提出"建设教育强国是中华民族伟大复兴的基础工程，必须把教育事业放在优先位置，深化教育改革，加快教育现代化，办好人民满意的教育"，为我们在中国特色社会主义新时代不断推进教育改革发展、大力提高国民素质指明了方向。扎根中国大地办教育，要坚持把教育放在优先发展的战略地位，加大教育投入，优化教育资源配置，着力实现教育更平衡更充分的发展，走中国特色社会主义国家办大教育、办强教育的发展道路，办好人民满意的教育。

（一）优先发展教育是中国特色社会主义教育发展道路的基本经验

优先发展教育，把教育放在首位，这是教育发展基本规律的直接反映，是中国特色社会主义教育发展道路的基本经验之一。同时，坚持教育优先发展，这既是邓小平教育理论的核心和精髓，也是改革开放以来我国社会主义现代化建设总体战略中的重要举措。无论是从教育的客观属性思考，还是从国家战略层面思考，优先发展教育都具有极其重要的意义。历史经验表明，中国特色社会主义教育发展道路是一条坚持教育优先发展的道路。1992年，党的十四大在建设有中国特色社会主义理论的指导下，确定了20世纪90年代我国改革和建设的主要任务，明确提出"必须把教育摆在优先发展的战略地位，努力提高全民族的思想道德和科学文化水平，这是实现我国现代化的根本大计"。为了实现党的十四大所确定的战略任务，指导20世纪90年代乃至21世纪初教育的改革和发展，使教育更好地为社会主义现代化建设服务，中共中央、国务院于1993年发布了《中国教育改革和发展纲要》，从教育面临的形势和任务、教育事业发展的目标战略和指导方针、教育体制改革、全面贯彻教育方针和全面提高教育质量、教师队伍建设、教育经费六个方面总结了新时期我国教育改革的经验，指明了教育优先发展战略落实的基本方向。1995年，第八届全国人大第三次会议通过了《中华人民共和国教育法》，这标志着我国教育优先发展战略的法治化和制度化，教育优先发展战略落实有了制度保障，从此以后，教育优先发展成为教育发展道路落实的重要路径反复被提及。

（二）优先发展教育是新时代教育发展的基本规律

优先发展教育，把教育放在首位，既是时代的需要，又符合教育发展的基本规律，因为教育是民族振兴、国家富强的基石。当今世界各国之间综合国力竞争日益激烈，人力资源已经成为社会进步和发展的根本推动力量，人才的建设是国家竞争力发展的关键因素，实行人才先行、教育优先的原则，才能将我国亿万人口的优势发挥出来，培养数以万计的高素质劳动者、专门技术人才，把"人口大国"变为"人才强国"，为社会主义经济、文化等方面建设提供根本上的智力与人才保证。当前，落实教育优先发展战略仍然是中国特色社会主义教育发展道路必须坚持的重要路径，这一方面要求我们要意识到教育发展的紧迫性，另一方面也要求我们要意识到教育发展的开放性。

从前者来说，2010年印发的《国家中长期教育改革和发展规划纲要（2010—2020年）》中教育改革发展的20字工作方针"优先发展、育人为本、改革创新、促进公平、提高质量"、党的十八大报告中提出的"全面实施素质教育，深化教育领域综合改革，着力提高教育质量，培养学生社会责任感、创新精神、实践能力"以及党的十八届三中、四中全会"深化改革"在各个领域的要求，对我国教育发展与改革进入深水区提出了更为紧迫的要求，教育的不断改革和可持续发展，关键在于始终坚持教育优先发展的道路，从而不断地解决教育发展过程中遇到的一些重大问题，例如现阶段教育领域亟须解决的重大问题：教育均衡化发展问题、"减负"问题、"校车"安全问题、"留守儿童"的教育问题、"异地高考"问题以及高校办学自主权问题等。这些问题都是制约教育优先发展战略落实的具体问题和重重阻碍，因此可以说，在当今大力求改革、促发展的背景下，教育的发展体现出一定的紧迫性。

从后者来说，坚持教育优先发展，是不断提高中国教育国际竞争力的重要路径。"当今时代，科技进步日新月异，国际竞争日趋激烈。各国之间的竞争，说到底，是人才的竞争，是民族创新能力的竞争。教育是培养人才和增强民族创新能力的基础，必须放在现代化建设的全局性、战略性的重要位置。"① 当今世界正在发生广泛而深刻的变化,当代中国正在发生广泛而深刻的变革,教育事业从来没有像今天这样,与国家的安危、民族兴衰息息相关,谁赢得了教育,谁就能在激烈的国际竞争中占据优势地位,一个国家综合国力的强弱越来越取决于劳动者的素质,取决于各类人才的质量和数量,取决于教育事业发展的层次和水平。中国特色社会主义教育发展道路是中国共产党在新的历史条件下着眼于迎接未来激烈国际竞争的挑战,着眼于中华民族立足新的历史起点的伟大复兴而提出的教育科学发展之路。中国共产党成立以来,高度重视教育事业发展,积极发挥教育在经济社会建设中的重要作用,创建和发展了新民主主义教育,探索和实践了社会主义教育,最终开辟了中国特色社会主义教育发展道路,为当代中国教育事业发展奠定了坚实根基,做出了卓越贡献。

(三)优先发展教育是中国实现社会主义现代化的必由之路

优先发展、大力发展教育事业,切实提高全民族的素质,是中国实现社会主义现代化的一条必由之路。当前,中国已初步实现把沉重的人口负担转化为丰富的人力资源的转变,但这一丰富的人力资源优势还未得到充分发挥,中国教育事业的发展与国际先进水平还存在一定差距,要有计划、有目的、有步骤地加强国际交流合作,努力探索拔尖创新人才培养之道,加快推进教育国际化进程,进一步处理好教育的本土与国际的关系,努力做到借鉴性吸收和创造性转化,不断提高中国教育事业的质量和效益,切实增强中国教育事业的国际影响力。

---

① 江泽民. 江泽民文选: 第3卷. 北京: 人民出版社, 2006: 499.

可以说，发展教育是国家兴旺和民族团结发展的最根本的事业，优先发展是中国特色社会主义教育发展道路的根本任务，同时也是我国应该长期坚持的重大方针政策。中国特色社会主义教育事业应确保实现优先发展，把优先发展教育作为贯彻落实科学发展观的首要前提，以更大的决心、更多的资源优先支持教育事业发展，不断扩大社会资源对教育的投入，切实保证经济社会发展规划优先安排教育发展，财政资金优先保障教育投入，公共资源优先满足教育和人力资源开发需要，为全面实施科教兴国战略奠定坚实的人才和知识基础。

优先发展教育、提高教育现代化水平，是实现国家现代化的关键基础和重要支撑。我们必须从实现"两个一百年"奋斗目标的历史高度，加深对新时代优先发展教育这一重大战略的认识。开启全面建设社会主义现代化国家新征程，必须优先发展教育，加快教育现代化；实现中华民族伟大复兴的中国梦，必须优先发展教育，将建设教育强国作为基础工程[①]。

（四）优先发展教育是实现中华民族伟大复兴中国梦的根本要求[②]

党的十九大报告在我们党新世纪以来一系列重大部署的基础上，立足世情国情，紧扣我国社会主要矛盾变化，提出建设社会主义现代化强国的新的总体要求。为此，我们必须始终坚持教育优先发展战略地位，实现教育现代化，建设教育强国，不断提高人民群众的满意度。

教育发展周期长，要适应社会主义现代化建设多方面的要求，

[①] 闵永新．坚持"以人民为中心"开启教育新征程．红旗文稿，2018（24）：28-29．
[②] 陈宝生．优先发展教育事业．人民日报，2018-01-08．

必须提前准备。改革开放以来，我们党相继在国家层面实施科教兴国、人才强国、可持续发展等战略，适度超前部署教育现代化，用教育现代化支撑国家现代化，正在形成长效机制。面对科技进步日新月异、国际竞争日趋激烈的新形势，习近平同志深刻指出："当今世界的综合国力竞争，说到底是人才竞争，人才越来越成为推动经济社会发展的战略性资源，教育的基础性、先导性、全局性地位和作用更加突显。"① 党的十九大报告吹响了全面建设社会主义现代化国家的新号角。在从 2020 年到本世纪中叶两个阶段的时间表中，还要继续优先部署教育现代化工作，努力提高全民族素质，为全面建设富强民主文明和谐美丽的社会主义现代化强国夯实人力资源基础。

实现中华民族伟大复兴的中国梦，必须优先发展教育，将建设教育强国作为基础工程。习近平同志指出："'两个一百年'奋斗目标的实现、中华民族伟大复兴中国梦的实现，归根到底靠人才、靠教育。源源不断的人才资源是我国在激烈的国际竞争中的重要潜在力量和后发优势。"② 党的十九大报告在坚持统筹推进"五位一体"总体布局和协调推进"四个全面"战略布局的进程中，特别强调建设教育强国是中华民族伟大复兴的基础工程，对优先发展教育、促使教育全面服务于实现中华民族伟大复兴中国梦的大局提出了根本要求，必将成为党和国家宏观决策的重要遵循③。

二、教育要讲规律、讲科学

马克思主义告诉我们，想问题办事情必须尊重客观规律，要

---

①② 习近平. 做党和人民满意的好老师：同北京师范大学师生代表座谈时的讲话. 人民日报，2014－09－10.
③ 陈宝生. 优先发展教育事业. 人民日报，2018－01－08.

根据规律发生作用的条件和形式利用规律，改变客观世界。唯物主义承认教育活动的客观实在性，也就承认教育规律客观存在的实在性。当然，马克思主义也非常重视人的主观能动性，反对过度强调规律的客观属性而无所作为的机械唯物主义错误。教育要讲规律、讲科学，就是开展和从事教育相关活动要符合教育的活动规律。比如发展教育事业要符合教育自身发展规律，组织开展教育教学活动要符合育人规律、教学规律和学生成长规律等。按教育规律开展教育活动是长期以来人们一直所强调和重视的，但是由于教育本身的复杂性、主客观条件的影响和制约等原因，经常会出现一些违背教育规律的行为和现象。中国特色社会主义进入新时代，对教育提出了更新更高的要求。习近平总书记强调，"要深化办学体制、管理体制、经费投入体制、考试招生及就业制度等方面的改革，深化学校内部管理制度、人事薪酬制度、教学管理制度等方面的改革，深化人才培养模式、教学内容及方式方法等方面的改革，使各级各类教育更加符合教育规律、更加符合人才成长规律。"[①]

（一）教育的复杂性和主客观条件影响了人们对教育规律的认知

教育是当今中国社会参与程度最高、讨论最热烈的话题，其背后的原因大概主要有三个：第一，几乎人人都参与过教育，或者以受教育者的身份参与，或者以教育者的身份参与，因此，人人都有对教育的感受和看法，人人都有话可说。第二，越来越多的人意识到，教育非常重要，既关系个人切身利益，又关系国家、民族和社会之未来，因此越来越多的人都想说话。第三，关于教

---

① 全面贯彻落实党的教育方针 努力把我国基础教育越办越好．人民日报，2016-09-10．

育及其规律，人们还远未形成共识，还没有形成一套为各界所普遍认同的、具有强大说服力的科学理论。更深层的原因是，教育是复杂的，涉及不同层面、不同主体、不同活动、不同标准等，导致人们在谈论教育及其相关问题时，很难从同一个角度、层面出发取得共同认识。一般来说，教育至少包括三个层面的含义：一是作为一项社会事业的教育事业。从整个社会的角度看，教育是其中的一项社会事业。作为一项社会事业，教育其实是"办教育"，即国家教育事业，主要涉及教育规划、教育投入与保障、教育机构、教育管理以及教育发展的社会环境等。二是作为专门教育机构的学校办学行为，即学校教育。一个国家举办教育事业，目前主要是通过办学校的方式实现的。学校是实施教育的专门机构，很多情况下人们所谈论的教育主要是指学校所开展的工作。学校的办学行为主要涉及学校正常运行所需的学校管理、教职工队伍建设、环境营造、各类活动的组织安排等。三是针对教育对象的具体教育过程或教育活动。教育过程涉及学生、教师、教育内容、教育方式方法、教育材料、教学评价等众多要素。国家教育事业、学校教育、具体教育活动分属不同层面的教育，三者之间密切联系、相互影响。任何一个教育问题或教育现象，往往都是综合性的，涉及各个层面。教育自身的复杂性、敏感性，以及人们视野、经验和立场等方面的影响，使得人们对教育及其规律的看法难以取得共识。例如，很多时候大家在谈论教育时会由对一个具体教育现象的评价上升到对学校教育、国家教育事业的评价。对教育内外关系的认识同样如此。

（二）遵循教育规律是做好教育工作的必要条件

从国家和社会的角度来看，教育事业是一项为国家和社会发展培养人才的社会事业，社会发展规律在教育领域的反映就是教育规律。国家教育事业主要由政府主导、社会参与。教育事业是人类文明进步之必需，是世界各国实现发展的必由之路和共同经验。人类没有一天离开过教育，人类的生存需要教育，发展更需要教育。教育是民生，也是国计。对个人和家庭而言，教育意味着成长，意味着就业，意味着幸福生活。对国家和社会而言，教育意味着国民素质，意味着经济社会发展，意味着综合国力。因此，在当今时代，世界多数国家把加快发展教育事业作为战略选择，如美国、英国、日本等许多国家每过几年就会出台新的教育发展规划，由政府承担发展教育事业的主要责任。同时，在政府的鼓励和引导下，公民和社会各界积极参与其中，包括举办民办教育机构、教育公益组织，以及参与学校的各类活动。离开了对教育规律的清晰认识，国家教育事业发展举步维艰。

教育的体系、规模、结构、速度等与社会经济发展水平密切相关，教育应适度优先发展。作为一项社会事业，教育是社会的有机组成部分，是面向未来的事业。教育既服务于整个社会各项事业的发展，又有赖于各方面的条件和支持，教育的运行和发展需要在整个社会中予以定位，需要与社会其他事业保持一种恰当的、协调的关系。党和政府给中国教育的定位是"优先发展教育事业"，这反映了我们对教育与其他行业关系的透彻理解和准确把握。但我们还需要进一步思考，"优先"主要体现在哪些方面？应该"优先"到什么程度？教育与相关行业，比如经济、科技、文化、公共管理等之间，如何保持一种动态平衡？在区域经济、社会发展很不平衡的背景下，如何理解和落实教育的"优先"发展？

教育事业的发展道路是由其不可替代的客观环境所决定的，

一个国家只能走自己的教育发展之路。每个国家都有自己的历史和现实，它的人民、文化、制度、自然、社会等都构成教育发展不可选择的环境。在一个国家中，对教育发展道路起主导作用的力量显然不是教育本身。教育是国之大计、党之大计。政治才是决定教育发展道路最直接、最有力的力量。习近平同志提出坚持扎根中国大地办教育，既是从党和国家事业全局出发做出的理性决断，也体现了他对教育事业发展规律的深刻把握。只有扎根中国大地办教育，教育才能助力中华民族的伟大复兴；只有扎根中国大地办教育，教育事业才能得到人民的支持，才能获得源源不断的动力。

另外，科学研究证明，人的身心发展是有规律的，如存在不同的年龄特征、存在不同的个性特征、早期发展会影响到后期发展、后期经验也会在一定程度上改变前期形成的特征等。教育的目的在于促进个体成长和培养社会发展所需人才，只有符合人的身心发展规律才能取得好的效果。

三、深入思考教育事业发展规律

人类丰富的教育实践也早已证明，教育过程有规律，学校办学、举办教育事业都有规律。搞教育必须要讲规律、讲科学，不尊重教育规律的教育，不是真正的教育，是蛮干。对于与教育有关的规律，我们需要做深入具体的研究。我们要思考，习近平同志所强调的"使各级各类教育更加符合教育规律、更加符合人才成长规律"[①] 究竟意味着什么。

---

① 全面贯彻落实党的教育方针 努力把我国基础教育越办越好. 人民日报，2016 - 09 - 10.

(一)中华人民共和国成立以来对社会主义教育发展规律的探索[①]

在新中国教育发展的历史进程中,中国共产党努力探索社会主义教育发展规律,不断积累实践经验,不断进行理论创新,不断深化对我国社会主义教育事业发展规律的认识,取得了十分重要的理论成果。

毛泽东同志提出要发展民族的、科学的、大众的文化(包括教育),强化党对教育工作的全面领导,坚持社会主义办学方向,强调教育与生产劳动相结合,培养有社会主义觉悟的有文化的劳动者。

邓小平同志提出加强党对教育工作的领导,坚持社会主义办学方向,开创性地把教育摆在现代化建设中优先发展的战略地位,提出"三个面向"战略思想,培养德智体美全面发展的社会主义"四有"新人,强调尊重知识、尊重人才,注重提高教师待遇。

江泽民同志强调党对教育工作的领导,坚持社会主义办学方向,注重思想政治教育,坚持教育为社会主义服务、为人民服务,坚持教育与社会实践相结合,推动教育优先发展战略,努力培养德智体全面发展的"四有"新人,在全社会大力弘扬尊师重教的良好风尚。

胡锦涛同志在新世纪召开的全国教育工作会议上提出了"五个必须":一是教育是国家和民族发展最根本的事业,必须坚持党对教育工作的领导,明确政府发展和管理教育的责任,落实教育优先发展的战略地位,实现教育和经济社会协调发展,充分发挥

[①] 曾天山."九个坚持"揭示新时代中国特色社会主义教育发展规律.新疆广播电视大学学报,2018,22(2):47.

教育在党和国家事业中的基础性、先导性、全局性地位和作用。二是教育的根本目的是培养德智体美全面发展的社会主义建设者和接班人，必须全面贯彻党的教育方针，把促进学生健康成长作为学校一切工作的出发点和落脚点。三是教育事业发展的生机活力在改革开放，必须始终按照面向现代化、面向世界、面向未来的要求，立足社会主义初级阶段的基本国情，坚持继承和创新相结合，不断深化教育体制改革和教育教学改革。四是教育是改善民生、促进社会和谐的重要途径，必须坚持以人为本，促进教育公平，保障公民依法享有受教育的权利。五是教育事业发展的关键在教师，必须紧紧依靠广大教师和教育工作者，遵循教育规律办学教学，不断提高教师政治和业务素质，弘扬尊师重教的社会风气。

（二）"九个坚持"是对我国教育事业规律性认识的不断深化[①]

教育是国之大计、党之大计。教育规律，顺之者昌，逆之者衰。2018年9月10日，习近平总书记在全国教育大会上发表重要讲话，就加快推进教育现代化、建设教育强国、办好人民满意的教育做出全方位部署，就新时代教育改革发展提出一系列新理念新思想新观点，集中阐述了"九个坚持"，从根本上回答了"培养什么人、怎样培养人、为谁培养人""办什么样的教育、怎样办教育"等重大问题，提升了社会主义教育发展规律认识的新境界，开辟了新时代中国特色社会主义教育发展道路。"九个坚持"既坚持了马克思主义教育理论，又体现了中国国情，既坚持了社会主

---

① 曾天山．"九个坚持"揭示新时代中国特色社会主义教育发展规律．新疆广播电视大学学报，2018，22（2）：47．

义教育基本原则，又借鉴了人类文明优秀成果，既继承了我国教育优良传统，又具有鲜明的时代特征，有力推动了中国特色社会主义教育事业蓬勃发展。习近平总书记提出的"九个坚持"是探索社会主义教育发展规律的新成果，丰富和发展了中国共产党对社会主义教育规律的理论认识。这是对我国教育事业规律性认识的不断深化，我们必须始终坚持并不断丰富发展。

坚持党对教育事业的全面领导，就是要明确党是领导中国教育事业发展的核心力量。这是中国特色社会主义教育制度的最大优势，是办好教育的根本保证。

坚持把立德树人作为根本任务，就是要明确社会主义教育的首要问题。它继承和发扬了中华民族崇德的传统，突出了教育的主责主业，把社会主义核心价值观教育融入立校办学、育人育才全过程，树立正确的世界观、人生观、价值观，培养社会主义合格建设者和可靠接班人。

坚持优先发展教育事业，就是要强调全面落实教育优先发展战略。作为推动党和国家事业发展的重要先手棋，它隐含了教育先行的思想，对加快教育现代化、建设教育强国做出总体部署和战略设计，以适度超前的中国教育现代化2035战略支撑国家现代化，不断使教育同党和国家事业发展要求相适应，同人民群众期待相契合，同我国综合国力和国际地位相匹配。

坚持社会主义办学方向，就是要坚持以习近平新时代中国特色社会主义思想为指导，全面贯彻党的教育方针，把思想政治工作贯穿教育教学全过程，实现全员育人、全过程育人、全方位育人，为学生一生成长奠定良好的思想基础，使他们成为德才兼备、全面发展的人才。

坚持扎根中国大地办教育，就是要体现中国特色。只有扎根

使各级各类教育更加符合教育规律、更加符合人才成长规律

中国才能更好地走向世界，加强中华优秀传统文化教育、革命文化教育、社会主义先进文化教育，努力为人民服务，为中国共产党治国理政服务，为巩固和发展中国特色社会主义制度服务，为改革开放和社会主义现代化建设服务。

坚持以人民为中心发展教育，就是要把办好人民满意的教育作为初心和使命。它体现了教育为人民服务的宗旨，坚持人民主体地位，把人民对美好生活的向往作为奋斗目标，依靠人民创造历史伟业。其核心要义是落实一切为了人民，一切依靠人民，一切成果由人民共享。让每个孩子享有受教育的机会，让14亿多人民享有更好更公平的教育，让人民群众有更多获得感、成就感、幸福感，不断满足人民日益增长的优质多样的教育需要。

坚持深化教育改革创新，就是要冲破思想观念的束缚、突破利益固化的藩篱，坚决破除各方面体制机制弊端，解放和激发内在活力，增强教育发展动力，使我国教育越办越好、越办越强。

坚持把服务中华民族伟大复兴作为教育的重要使命，就是要把建设教育强国作为中华民族伟大复兴的基础工程。重视教育才能赢得未来，我们要培养实现中华民族伟大复兴中国梦的有理想、有本领、有担当的时代新人。

坚持把教师队伍建设作为基础工作，就是要落实教育大计，教师为本，体现兴国必先强师理念，把教师作为教育发展的第一资源，把教师工作置于教育事业发展的重点支持战略领域。优先谋划教师工作，优先保障教师工作投入，优先满足教师队伍建设需要，大幅提升教师综合素质、专业化水平和创新能力，以"四有好老师"为目标，做好学生发展的"引路人"，形成优秀人才争相从教、教师人人尽展其才、好教师不断涌现的良好局面。

"九个坚持"重要思想弥足珍贵，成果来之不易，提炼了宝贵

经验，凝聚了全党智慧，显示了中国的智力创造。习近平总书记指出，办好教育事业，家庭、学校、政府、社会都有责任。要求领导干部要熟悉教育、关心教育、研究教育。所有教育工作者都应该认真学懂弄通党中央提出的教育新理念新思想新观点，在推进教育改革和发展中牢牢把握、充分发挥教育新理念新思想新观点之伟力。

四、认真研究并充分尊重教育规律和人才成长规律

教育是以促进人的发展为目标，教育者有目的、有计划地通过各种教育要素影响受教育者的过程。学校一切工作的最终价值都在于服务"育人"这个核心。"育人"二字，是开展一切教育工作所需研究的最基本学问。"育人"规律包括"教育规律"和"人才成长规律"。多年来，学界一方面大力探索教育规律，另一方面又对教育规律问题争论不休，这充分体现了教育问题的复杂性和动态性。尽管如此，我们认为，有一些基本的事实和关系是清楚的，教育工作者有责任结合实际去宣传推广对于教育规律的基本认识，推动人们去认识教育规律，尊重教育规律，按照教育规律做好教育工作。

（一）遵循学校教育的规律

学校是育人的主战场，要按照学校教育教学活动特点和功能定位，结合区域实际、学校实际探索特色办学模式和发展之路。社会环境不断发展变化，探索学校发展道路要适时进行调整和完善。学校领导和教师必须严格遵循党和国家的教育政策方针，正确认识和把握教育内外部规律和学生发展规律，结合实际加强学

校发展规划和系统化建设，充分利用各类资源，家校社协同帮助学校走上健康发展之路。学生是发展的主体，学校发展的根本在于教师，遵循学校发展规律、开展学校工作需要特别关注研究学生成长规律和教师成长规律。

怀特海反复强调，教育的目的是激发和引导孩子的自我发展之路。孩子的自我发展主要表现在以下三个方面：

一是全面发展。从应试教育到素质教育，是"破五唯"的直接目的。促进孩子全面发展、个性充分发展是办人民满意教育的前提。结合学校实际，坚持立德树人根本任务，在课程设置、教学活动组织、考核评价等诸多方面为学生发展创造条件，培养德智体美劳全面发展的社会主义建设者和接班人。需要注意的是，基于个体的差异性，学生全面发展的结果总是具有一定的个性化。因此，帮助个体全面发展也是促进其个性化发展的过程。从这个角度来说，教育的作用就是努力为学生创设个性充分发展的机会，提供所需要的支持和服务。

二是自主发展。陶西平先生所提出的"阳光法则"，很值得每一位教育工作者思考。其意义在于提示教育工作者应该平等对待每一个孩子，要努力让所有的孩子都能享受公平地接受教育的权利。另外，还强调为学生营造良好的学习空间，通过创设学习环境引发学生学习的兴趣，促进学生自主发展。在实施教育的过程中，要注意了解孩子的个性特征，尊重孩子发展的需求，并为孩子的个性化需求提供服务和保障。

三是主动发展。每一名学生都是一个完整的个体，拥有自己的情绪判断、态度表达和行为选择。进入信息时代以来，知识总量和更新速度呈爆炸式增长趋势，在传统的以教师为中心的教育教学模式中，学生处于被动地位，学生的主动性、积极性难以激发。新时代创新型人才培养不需要被动的等待者，需要学生主动积极地参与，从"让我学"到"我要学"。要充分发挥学校育人主战场的作用，关键就在于以学生发展为中心加强学校各方面建设，有效利用先进的信息技术手段创新育人模式，激发学生的主动性、积极性，将学校变成支持服务学生快乐和健康成长的家园。

（二）遵循人才成长规律

人的发展具有个体性，也具有普遍性。一切教育活动的最终目的都是促进个体成长，正视人才成长规律的客观实在性是理解和把握教育规律的基础。遵循人的身心发展的普遍规律，是开展教育活动的基本原则。"以生为本""以学生为中心"等新教育教学理念只有依托对学生成长发展规律的科学认识才能落地实施，有效指导教育教学实践。无论是"洋思中学的先学后教"还是"东庐中学的讲学稿"，能够做出成绩的根本原因是遵循了学生成长规律，从学生出发，加强校本研修，科学制定并积极实施相应策略。人的发展受到多种因素的影响，各种因素的相互交错形成了带有普遍性的发展规律和特征。

社会性是人的基本属性，每一个人都是在与环境的互动中成长的。与以往以知识传承为主的传统教育不同，时代的发展要求教育必须以促进学生全面发展、充分发展为目标，要致力于营造有利于支持和促进学生成长的环境。环境因素纷繁复杂，家庭、学校、社会各种环境因素都影响着学生的每一步成长。正是基于这一基本认识，我们才提出"大教育"的理念，要使家庭教育、学校教育和社会教育形成合力，实现"家校社协同育人"。

实践是每一个社会个体存在的基本方式，正是通过不断参与各式各样的实践活动，思想、知识、技术等才被逐步内化成个体的素质和能力。"做中学""知行合一"等都是强调实践育人,强调教育教学要使学生"动"起来,使学生在学习运用知识的实践中实现解决问题能力的提升。当然,作为智慧生物的人具有主观能动性,是在与环境主动积极的互动中成长的。设计组织教育教学活动,要为学生的活动留出空间,要综合考虑学习活动设计,既要符合知识实践特征,也要考虑学生的主观选择,灵活设计、差异化教学更有利于激发学生个体的主观能动性,更有利于提高教育教学实践的效果和质量。

历史发展和教育实践表明,每一个个体都是作为一个完整的人在成长。这就要求教育者的眼中要有完整的"人",要实施德智体美劳全面发展的教育。此处需要特别注意的是,必须坚持将立德树人作为教育教学的根本任务和核心工作,通过适宜的方式和有效的策略加强思想品德教育,切实保证为党育人、为国育才。长期以来,基于知识分类的学科教学与实现学生综合素质培养目标之间存在一定程度的错位。加强多学科知识融合教学应用,各学科从不同角度发挥育人功能,提升综合实践课的地位和课时比重等,应该引起进一步关注。另外,培养"完整的人",促进学生全面发展,并不排斥学生的个性差异,相反,正是基于对学生之间差异客观存在的正确认识。"完整的人"同时也是"个性的人","全面发展"之中包括学生"个性充分发展"的内涵。充分利用人工智能技术、大数据技术等优化教育教学实践,根据学生个体差异因材施教,有助于将促进学生全面发展落到实处。

人的成长有阶段性特征,不同年龄阶段的人处于不同的生理心理发展水平,有不同的兴趣方向和行为特点。对教育者来说,准确把握学生不同年龄阶段的身心发展特征,选择适当的教育内容和教学方式,因"时"施教,既是必备的基本专业素养,也是重要的专业行为规范。例如，从幼儿园到小学低年级阶段，游戏、玩耍是儿童了解、探究世界最重要的方式，过于功利、过重的课业负担势必严重影响他们的全面发展和健康成长。中国历史上不乏"神童之殇"的真实案例，《伤仲永》的故事也家喻户晓。尊重孩子身心发展的规律，"要孩子，不要神童"是切实保障科学实施教育、促进儿童健康成长的必然抉择。意大利教育家马拉古兹曾经说过，"我们真的需要放慢脚步，给予儿童所需要的时间，我们需要等待孩子"。

（三）遵循家庭教育的规律

在2018年全国教育大会上，习近平总书记从"四个第一"的高度对家庭教育做了深刻论述，指出家庭是人生的第一所学校，家长是孩子的第一任老师，要给孩子讲好"人生第一课"，帮助扣好人生第一粒扣子。家庭是社会的基本细胞，是人生的第一所学校，是促使个体逐步社会化的摇篮。每个个体刚出生时都如一张白纸，在父母的呵护下逐步习得一些最基本的生活技能和知识，逐步认识自己以及周围环境，为后续不断扩大交往与认知的范围并最终走向社会奠定基础。正如习近平总书记所言："无论时代如何变化，无论经济社会如何发展，对一个社会来说，家庭的生活依托都不可替代，家庭的社会功能都不可替代，家庭的文明作用都不可替代。"未来社会合格公民的形成与培养，高科技背景下人们情感生活的平衡，均有赖于良好家庭的支撑。父母是孩子的第一任老师。人的成长成才离不开父母的教育，父母的谆谆教诲和陪伴就是最初的教育，也是最好的教育，他们的一言一行为子女形成与塑造了最初的言行遵循。新时代，要做好培养时代新人的工作，就要发挥好家长的作用。家长要努力提升自身素养，改变

使各级各类教育更加符合教育规律、更加符合人才成长规律

不合时宜的教育观念，不仅要用积极向上的内容来施教，而且要注重方式方法。家庭教育是人生的第一课堂，是进行的最早、最及时的教育，不管是在童蒙时期，还是在成人以后，家庭教育都能紧随子女左右。家庭教育不到位，不仅会抵消学校教育的效果，还会给孩子发展造成一定的消极影响。每个人都从父母那里得到了最基本的生物遗传，正是在家庭教育的影响下，子女们的思想认识不断加深。家庭教育内容丰富，过程复杂。不同的家庭，条件不同，又有其各自的特点。要获得家庭教育的成功，我们不可能指望有什么"绝招"或"灵丹妙药"，必须从家庭教育的特殊矛盾出发，研究、揭示家庭教育的特殊规律，按照家庭教育的一般原则从事子女教育工作。

一是要坚持立德树人，加强观念引领和道德品质培养。家庭教育虽然以家庭为单位，由家长在日常生活中自主对子女开展教育活动，但同样是我国社会主义教育体系的重要组成部分，用什么内容教育子女，把子女培养成什么样的人，不能完全由家长的意志来决定，必须遵循个体成长发展规律，必须服从社会主义现代化事业的需要。要坚持用科学的世界观、正确的是非观、明确的价值观来引导孩子，武装孩子的头脑，帮助孩子对个体、家庭、社会、国家、民族等形成正确的认识，为他们日后走向社会、适应社会奠定良好的基础。社会在发展，时代在进步，家长要积极主动地接受新思想、新观念，学习新科学理论，按照未来社会的需要去培养子女。坚持素质教育，要德智体美劳一起抓，特别是要重视子女思想观念和道德品质的培养。

二是要坚持以身作则，科学实施。"孩子是家长的影子，是家长的翻版"，家长的一言一行都对子女有着耳濡目染、潜移默化的作用，会产生深刻而持久的影响。要想把子女培养成什么样的人，

家长必须首先做什么样的人。要切实做好表率和榜样,必须言行一致、表里如一。切莫"演戏"或"表演"给孩子看,否则可能适得其反。另外,家庭成员要统一认识,保持教育行为标准和节奏的一致性,不能"一人一把号,各吹各的调"。除了所有家庭成员要统一和明确子女家庭教育在方向、内容、宽严等方面的要求和规范外,值得注意的是,还要随着子女年龄的增长和个性特征的显化,进行适应性调整,切莫机械刻板,毕竟我们都希望培养活生生、充满生机与活力的人,而不是将孩子锻造成听话的工具和机器零件。持之以恒不断加强学习、科学应对孩子成长中的各种问题、耐心陪伴孩子成长,是每一个家长的责任和义务。

三是要坚持循序渐进、因材施教。受生理发育规律影响,不同年龄阶段,孩子的身心发展水平不同;由于遗传因素以及先天气质不同,孩子在身心发展的可能性和水平上也存在差异。个体身心发展水平和先天素质方面的差异会直接导致孩子在认知能力、行为方式等方面的个性化特征。因此,家庭教育要有耐心、有策略。教育内容要由浅入深、由低到高,不能操之过急;引导教育方式要基于孩子的兴趣特征和行为特点,以点为引,逐步激发。要求过高、超越孩子的能力会强化负面认知,挫伤甚至打压其积极性。在加强理论学习的基础上,家长与孩子一起在实践中把握住"略有挑战性的任务"和"最近发展区",对于有针对性地实施因材施教非常重要。

家庭是生活的地方,是沐浴亲情的场所。家庭教育的核心在于陪伴,包括陪孩子读书聊天、玩耍做游戏、走进大自然参加社会实践等。家长和孩子在陪伴中交互,在交互中分享,在分享中成长。家长要帮助孩子塑造关爱、信任、理解、责任、尊重等事关孩子一生的优秀品格,陪伴孩子走好人生的第一步。

五、认真研究并充分尊重学校办学规律

学校教育是迄今为止人类实施大规模面对面教育的基本组织方式。学校办学是一项专业性的活动，需要按学校发展和教学育人的规律来进行。现实中，各类外部力量对学校工作的随意干预，严重干扰了正常办学秩序。针对有关部门对学校管得过多过细问题，要做到"办学有规律，学校有主业，各级党委和政府要减少不必要的检查评比，不能动辄让学校停课出人出场地办活动，更不能把招商、拆迁等'摊牌'给学校……学校是办学主体，要尽可能把资源配置、经费使用、考评管理等放给学校，保证学校事情学校办"。另外，教育是一项事关全社会的事业，育人不仅仅是学校的责任，不能将个体发展和人才培养的工作仅仅依赖于学校，需要全社会力量的齐力协作才能够完成新时代的育人重任。尊重教育规律不断提高学校办学水平和质量，需要明确学校办学的实质，要充分发挥学校的办学主体作用，并有效整合全社会力量来协同合力推进。

（一）学校办学就是要为有目的培养学生创造适宜条件

学校千差万别，有大中小学幼儿园，有规模数万的巨型学校，也有寥寥数人的教学点。不管什么学校，其办学的最终目的都是促进所有学生更好地发展，满足国家和社会对各类人才的需要。达到这一目的，办学者必须创造一系列条件。学校办学需要创造哪些条件？

一要有保证学校正常运转的基本条件。这些基本条件包括学校的基本设施设备、整齐的教职工队伍、保证运转的经费等。对于大部分中小学而言，这些条件主要应由政府或其举办者提供；

对很多大学来说，其管理者也负有重要的争取资源的任务。

二要保证学校工作有秩序。任何组织，若没有秩序就无法正常开展工作，学校要有学校的样子，学校要有学校的秩序。学校是教书育人的地方，需要一个安静有序的教育环境，让学生安心学习，让教师安心教学。但是，学校到底应该有什么样的秩序，应由学校自己说了算，因为他们才是身处其中的最有发言权的人。学校秩序的维持要靠制度，靠管理，也要靠外界的尊重和支持。

三要让教职工队伍工作有使命、有活力。学校像不像学校，很重要的是看教师像不像教师。教职工的精神状态要与其所承担的使命相吻合，只有当教职工对自己的工作有发自内心的职业认同感、自豪感和责任感时，学校才能成为好学校。管理者要充分考虑教师的身心特点和工作特点，采取得力措施，使教师处于良好的工作状态。这当然要靠制度、靠管理、靠思想工作，但还要靠待遇、靠激励、靠工作本身带来的成就感。

四要不断提升教职工队伍的专业化水平。只有教师水平不断提升，才能不断提高学生培养的质量。提高教师水平是练内功，学校要为教师创造成长的平台、学习的机会。

五要坚持和发展学校的好传统。办好一所学校，就像培养一个学生，它需要时间，需要循序渐进，需要精心培育、维护和发展学校的好传统。名校不是一天办成的，需要代代相传，接续努力。

（二）坚持学校为主体与多方紧密配合的统一

学校办学规律主要涉及办学主体关系和教育教学管理。教育是全社会的事业，需要多方力量的紧密配合。习近平总书记强调，办好教育事业，家庭、学校、政府、社会都有责任。这就意味着，中国特色社会主义的教育，是一个需要多方协同配合形成教育合力的有机整体。它既要充分发挥家庭、学校、政府、社会各自的教育功能，又要使这几方紧密配合、协调发展，努力形成"四位一体"的协同育人机制，真正让全社会都担负起青少年成长成才的责任。李克强总理也提出，要深化教育领域"放管服"改革，充分释放教育事业发展生机活力。要尊重教育发展规律，充分发挥学校办学主体作用。随着教育领域的纵深发展，学校的办学自主权将是教育管理部门不得不面对的重要议题。扩大和保障学校办学自主权充分发挥学校办学主体作用，以及合理协调各类不同的教育责任方之间的关系以形成合力，是当前深化教育体制机制改革、提高学校办学水平和质量迫切需要关注的问题。

政府要划清权力边界，在提供有效支持的同时，保证学校办学自主权。政府是公立学校的举办者、支持者，是学校的监管者，但要办出高质量的教育，政府就要充分尊重学校的专业性，尊重学校管理者和教职工的自主权。现实中，有些政府工作人员打着有所作为的旗号干预学校办学，用急功近利的指标去考核学校和教师，结果却让学校无法作为，无所适从。落实"放管服"政策，是处理政校关系的当务之急。

家长和社会要尊重和支持学校办学。育人是学校、家庭、社会的共同责任，但在学校、家庭、社会的关系中，学校是专业的教育组织，应该发挥专业的、主导的作用，家长和社会要尊重、配合、支持、参与学校工作。这本来是一个平常的道理，但在时下却经常成为一个争论不休的话题。如果这种现象持续下去，将会伤害教育工作，伤害对年轻一代的培养。唯有大力弘扬尊师重教的社会风气，尊重教育规律，尊重办学规律，让学校、家庭、社会各归其位，相互理解，相互信任，相互支持，才能为学生成长营造良好的教育环境。

扎根中国大地办好中国
特色社会主义一流大学

2014年5月，在北京大学考察期间，习近平总书记深入阐释："办好中国的世界一流大学，必须有中国特色。""世界上不会有第二个哈佛、牛津、斯坦福、麻省理工、剑桥，但会有第一个北大、清华、浙大、复旦、南大等中国著名学府。我们要认真吸收世界上先进的办学治学经验，更要遵循教育规律，扎根中国大地办大学。"①

一、扎根中国大地办大学的教育重要论断

如何办好中国特色社会主义大学，一直是我们党在推进教育事业发展中不断思考、努力探索的问题。遵循教育规律，扎根中国大地办大学，是习近平关于教育的重要论断，与我们党一贯奉行的"独立自主、自力更生"原则一脉相承，是长期以来我们党努力提高大学办学质量的多方探索实践的新发展新成果。

尽管世界各国高等教育的发展模式和路径各不相同，但均是立足于各国实际国情和国家发展需要。扎根中国大地办大学是习近平总书记反复强调的中国大学发展观②，其内涵十分丰富，思想极其深刻，需要深刻领会扎根中国大地的精神实质，把握其核心要义，以有效指导实际工作。扎根中国大地办大学的"根"就是中国国情实际、中国发展实际需要。扎根中国大地就要牢牢坚守"以祖国需要为第一需要""以人民满意为第一标准"的价值追

---

① 习近平. 习近平谈治国理政. 北京：外文出版社，2014：174.
② 张大良. 扎根中国大地办大学　做出中国大学应有贡献. 中国高教研究，2018（12）：5-7.

求，坚持走中国特色的教育发展之路，坚持服务于中国社会主义发展。扎根中国大地建设有中国特色的世界一流大学需要立足中国国情、继承中国传统、面对中国问题、服务中国发展、塑造中国特色大学精神[①]。

（一）办中国特色世界一流大学要立足中国国情

扎根中国大地办大学必须立足中国的基本国情，必须与中国政治制度、经济发展水平、民众期待等相一致。党的领导是中国特色社会主义的最本质特征和最大制度优势，加强党对大学的全面领导是扎根中国大地办大学的根本保证。领导中国高等教育创建世界一流大学，是中国共产党的重要的历史使命。要把抓好大学党建工作作为学校党委办学治校的基本功，把党的教育方针全面贯彻到大学工作的方方面面。坚持和完善党委领导下的校长负责制，充分发挥党委管党治党、办学治校的主体责任。加强学校党建工作，以高质量党建引领学校高质量发展。要始终坚持马克思主义指导地位，保持中国社会主义大学最鲜亮底色。坚持和运用辩证唯物主义和历史唯物主义的世界观和方法论，坚持和运用马克思主义立场、观点、方法，指导实践和推动工作，提高办学治校水平，提升人才培养质量和服务经济社会发展能力。社会主义制度是我国的根本制度，中国大学必须具有鲜明的社会主义属性，坚持社会主义办学方向，坚持培育和弘扬社会主义核心价值观，以习近平新时代中国特色社会主义思想为根本遵循，为党和国家培养社会主义建设者和接班人。

---

① 周光礼，薛欣欣. 扎根中国大地办大学：中国共产党创办新型高等教育八十周年论坛综述. 教育研究，2017（11）：153-155.

（二）办中国特色世界一流大学要继承中国传统

扎根中国大地建设世界一流大学要弘扬中国优良传统，解决中国现实问题。有学者认为，中国的大学不仅要有世界一流大学之形，更要有中国特色之魂。在"双一流"建设进程中，要寻求和确立中国的特色之魂，体现中国大学的学术自觉和文化自信。扎根中国大地创一流要坚持文化自信，中国大学教育是中国教育传统与西方现代大学制度对话、抗争、融合的结果，中国大学从办学理念到人才培养、学校管理等，无不渗透中国传统的教育精神。有学者认为，如何处理本土文化与外来文化的关系，也是高等教育继承中国传统要考虑的问题。改革开放是我国的基本国策，也是推动社会发展的根本动力。"大学既是传递知识、培养能力的场所，也是塑造和培育大学生价值观的熔炉"[①]，在历史文化传承与创新、中外文化接触与碰撞的过程中要学会识别精华与糟粕。在全球化和国际化的浪潮中，中国高等教育的面貌发生了翻天覆地的变化，中国高等教育已经发展到探索中国道路、中国模式的阶段。要在传承我国优秀传统文化基础上合理吸收和借鉴世界优秀文明成果，以更高远的历史站位、更宽广的国际视野、更深邃的战略眼光、更包容的开放心态、更坚定的文化自信，扎根中国大地发展具有中国特色、世界水平的高等教育，培养能够担当民族复兴大任的时代新人。

（三）办中国特色世界一流大学要面对中国问题

扎根中国大地建设世界一流大学要强化问题意识。有学者认

---

① 张大良. 扎根中国大地办大学 做出中国大学应有贡献. 中国高教研究，2018（12）：5-7.

为，中国共产党创办的以中国人民抗日军政大学、陕北公学为代表的高等教育非常重视解决中国的实际问题。在延安时期，毛泽东把培养优秀的革命干部作为办学的出发点，把培养适应和领导抗日斗争的革命干部作为评价办学成功的根本标准。有学者认为，扎根中国大地创一流，要坚持本土化创新，为世界发展做出中国贡献。目前，国家社会决策和治理越来越重视"智库"和专家学者的作用，人文社会科学研究者要从当下社会问题出发，打破学科界限，从社会发展整体视角寻求问题解决的策略和方案，为国家社会决策提供意见和建议。同时，对中国与国际社会中的重大学术问题做出积极回应，在重大国际治理问题中主动发言，解读中国实践，表达中国立场，贡献中国方案。

（四）办中国特色世界一流大学要服务中国发展

扎根中国大地创一流要密切关注国家发展，积极服务发展需求。有学者认为，教育要与经济社会发展相适应，为经济社会发展服务是每一所大学都必须体现的功能。随着中国的产业优化升级和全球竞争的日益加剧，中国势必参与全球尖端领域竞争，这就要求扎根中国大地创一流必须坚持国际质量标准。中国大学要具备先进的教育理念和独立的大学精神，招收优秀学生，研发高端成果，提供一流服务，创造国际声誉。

（五）办中国特色世界一流大学要塑造中国大学精神

大学精神作为大学在长期发展过程中积淀而成的、非常稳定的、共同的理想追求，是大学文化的精髓，是大学发展生生不息的力量源泉。有学者认为，将塑造大学精神上升为一种深刻的文化自觉、崇高的历史使命，对于凝练和升华中国大学精神，构建具有中国特色、中国风格、中国气派的高等教育话语体系具有十分重要的意义。塑造中国大学精神，需要在遵循教育规律的基础上不断发扬创新精神、不断推进创新实践，需要在借鉴国际经验的基础上坚定文化信念、明确办学方向、增强教育自信、促进多元发展。

二、办世界一流大学必须扎根中国大地

独特的历史、独特的文化、独特的国情，决定了我国必须走自己的高等教育发展道路。加快建设世界一流大学，提高我国高等教育综合实力和国际竞争力，必须扎根中国大地，立足国家建设和社会发展实际，坚定不移走自己的路，只有这样才能办成具有中国特色、符合中国社会发展需要、能够服务中国社会主义建设的世界一流大学，切实实现党中央的战略决策。

（一）扎根中国大地是办世界一流大学的现实基础和文化根基

近代大学的产生和发展历程充分证明，大学发展离不开社会现实需要和物质文化支撑。从博洛尼亚大学到巴黎大学、牛津大学再到洪堡大学，近代大学的出现离不开文艺复兴的影响，正是科学理性精神引领和激发了西方近代大学的诞生。国家的崛起也为大学建设与发展提供了强有力的支持，而大学的人才培养和科学研究职能反过来又为国家发展提供了重要的人才和科技保障。美国大学的异军突起和20世纪美国获得世界政治经济霸权地位之间互为因果、相辅而行。历史告诉我们，只有立足本国实际，大学发展才有坚实的基础，才能获得不竭的动力。习近平总书记强

调:"中国的事情必须按照中国的特点、中国的实际来办,这是解决中国所有问题的正确之道。"我国有独特的历史、文化、国情,决定了必须走自己的高等教育发展道路。新中国成立以来,尤其是改革开放以来,中国高等教育发展取得了伟大的成就,也有效地推动了我国社会经济的快速发展和科学技术的迅速提升。其成功的关键在于始终坚持党的领导,在于坚定不移立足中国现实基础、从中国文化中寻找精神引领、走中国特色高等教育发展之路。新时代中国社会发展急需建设一批具有世界一流水平的大学来提高国际竞争力,扎根中国大地可以为建设具有中国特色、世界一流的大学提供现实基础和文化根基。

(二)扎根中国大地才能保证世界一流大学建设与我国社会发展需要相一致

习近平总书记指出,"古今中外,每个国家都是按照自己的政治要求来培养人的,世界一流大学都是在服务自己国家发展中成长起来的",强调我国世界一流大学建设要与我国社会发展需要相一致。现代大学正逐步进入社会发展的核心,承担着人才培养、科学研究、社会服务等职能。当前中国发展处于实现社会主义现代化和中华民族伟大复兴目标的重要时期,对创新型人才、尖端科学技术等的需要非常迫切。中国世界一流大学建设不是为了去和外国大学比高低,更重要的是服务于我国社会发展的现实需要。既要服务于人民大众对更高质量教育的追求,又要服务于中国经济社会发展对各类高端人才和科技创新的需要,还要培养能够承担中华民族复兴重任的有用人才。只有扎根中国大地,才能明确建设着力点,突出学校特色和优势,成功走出一条中国特色的世界一流大学建设之路。

(三)扎根中国大地才能坚持世界一流大学建设的根本性质和办学方向

习近平总书记强调,我们的高校是党领导下的高校,是中国特色社会主义高校。世界一流大学建设要始终坚持其根本性质和办学方向不变,要保证大学始终成为培养社会主义建设者和接班人的坚强阵地,要为党育人、为国育才,要为人民服务,为中国共产党治国理政服务,为巩固和发展中国特色社会主义制度服务,为改革开放和社会主义现代化建设服务。大学的根本在于立德树人。一流大学必须能够培养出一流人才,而一流人才不仅需要具备广博的科学知识和扎实的专业能力,而且要有正确的世界观、人生观和价值观,要爱党、爱国、敬业,拥护中国共产党领导和我国社会主义制度,立志为中国特色社会主义奋斗终身。为此,世界一流大学建设要坚定党委的绝对领导地位,牢牢掌握高校思想政治工作主导权,坚持以马克思主义为指导,全面贯彻党的教育方针,将社会主义核心价值观贯穿于每一项学校工作和育人环节。要在坚定理想信念、厚植爱国主义情怀、加强品德修养、培养奋斗精神、增强综合素质等方面下功夫,教育引导学生树立共产主义远大理想和中国特色社会主义共同理想,增强学生的中国特色社会主义道路自信、理论自信、制度自信、文化自信,立志肩负起民族复兴的时代重任。

三、建设人民满意的中国特色社会主义大学

我国是中国共产党领导的社会主义国家,为人民服务是一以贯之的宗旨。随着我国政治经济文化的繁荣发展,人民对高质量

教育的需要也越来越迫切，办中国特色、世界一流大学不仅是国家发展、民族复兴的要求，也是广大人民群众的现实需求。回顾和梳理我们党领导创办新型高等教育的光辉历史和成功经验，目的就是不忘初心，继承和弘扬优良传统，更好地扎根中国大地办大学，努力在新的历史起点上建设中国特色、世界一流大学。习近平总书记强调，我国有独特的历史、独特的文化、独特的国情，决定了我国必须走自己的高等教育发展道路，扎实办好中国特色社会主义高校，为我国高校指明了发展方向。中国的"双一流"建设要在认真吸收世界先进办学经验的基础上，立足中国大地，走中国特色的世界一流大学创新发展之路。

（一）加强党的领导，始终坚持中国特色社会主义办学方向

高等教育事业是党和国家事业的重要组成部分，党的领导是办好中国特色社会主义事业的保证，也是办好高等教育的保证。社会主义是我国高等教育的最根本的性质。发展新型高等教育，创办中国特色社会主义大学，提高人民群众思想道德科学文化素质，一直是中国共产党孜孜以求的奋斗目标之一。早在革命时期，毛泽东为中国人民抗日军政大学制定的"坚定正确的政治方向，艰苦朴素的工作作风，灵活机动的战略战术"教育方针就为根据地高等教育事业发展提供了科学指南，陕北公学更是开创性地实行了党组领导下的校长负责制。中华人民共和国成立后，我们党在完成对旧式高等教育成功接管和改造后，实现了对高等教育工作的全面统一领导。1950年创建的以马克思列宁主义为教学指导思想的中国人民大学为新中国的社会主义高等教育事业指明了方向。1961年公布的"高校六十条"明确指出，高校实行党委领导下的以校长为首的校务委员会负责制，党委是学校工作的领导核

心，对学校实行统一领导。党的十一届三中全会后，我们党确定了普通高校全面实行党委领导下的校长负责制，提出按照社会主义政治家、教育家目标要求选好配强高等学校领导班子特别是党委书记和校长，加强和改进高校思想政治工作，这为新时期高校坚持社会主义办学方向提供了重要保证。党的十八大以来，习近平总书记多次强调，我国有独特的历史、独特的文化、独特的国情，决定了我国必须走自己的高等教育发展道路，扎实办好中国特色社会主义高校。马克思主义是我国大学最鲜亮的底色，要牢牢把握思想政治工作生命线，牢牢掌握意识形态工作领导权，始终坚定为党育人、为国育才的初心和立场，以思想自觉引领行动自觉，把增强"四个意识"、坚定"四个自信"、坚决做到"两个维护"体现在办学治校、立德树人的具体实践中。办好我国高等教育，必须坚持党的领导，牢牢掌握党对高校工作的领导权，使高校成为坚持党的领导的坚强阵地；办好我们的高校，必须坚持以马克思主义为指导，全面贯彻党的教育方针，保证高校始终成为培养社会主义建设者和接班人的坚强阵地。

（二）围绕"立德树人"，培养优秀人才

高校立身之本在于立德树人。只有培养出一流人才的高校，才能成为世界一流大学。高等教育是培养人、塑造人、发展人的大事业，高校的立身之本在于立德树人。中国教育素有立德树人的传统，注重对人的思想、品德的教化。《大学》开宗明义就说："大学之道，在明明德，在亲民，在止于至善。"中国共产党在创办和领导高等教育的历程中，既认真汲取优秀传统文化中德育思想，又着力加强思想政治工作，始终坚持把立德树人作为根本任务，把培养德智体美劳全面发展的社会主义建设者和接班人作为

根本目标，为党和国家事业培养造就了数以千万计的高素质劳动者、专门人才和拔尖创新人才。早在革命战争年代，毛泽东就已将德育置于青年培养的首位问题。1937年，他在为陕北公学的题词中指出："要造就一大批人，这些人是革命的先锋队。这些人具有政治远见。这些人充满着斗争精神和牺牲精神。这些人是胸怀坦白的，忠诚的，积极的，与正直的。这些人不谋私利，唯一的为着民族和社会的解放。这些人不怕困难，在困难面前总是坚定的，勇敢向前的。这些人不是狂妄分子，也不是风头主义者，而是脚踏实地富于实际精神的人们。"[①] 在社会主义建设时期，毛泽东提出，"我们的教育方针，应该使受教育者在德育、智育、体育几方面都得到发展，成为有社会主义觉悟的有文化的劳动者"[②]。改革开放后，我们党从培养社会主义一代"四有"新人的战略高度，重申了德育居首位的教育理念，坚持以理想信念教育为核心、以爱国主义教育为重点、以思想道德建设为基础、以大学生全面发展为目标，坚持专与红、德育与智育辩证统一。党的十八大以来，习近平总书记明确指出，我国高等教育肩负着培养德智体美全面发展的社会主义建设者和接班人的重大任务，必须坚持正确政治方向。坚持把立德树人作为中心环节，把思想政治工作贯穿教育教学全过程，实现全程育人、全方位育人。要引导师生树立正确的历史观、民族观、国家观、文化观，要自觉抵制错误思潮，确保人才培养工作方向的正确性。

（三）始终奋进在时代前列，不断夯实学科基础

学科建设水平是衡量一所大学核心竞争力的重要指标，是建

---

① 中共中央文献研究室. 毛泽东年谱（1893—1949）：中卷. 修订本. 北京：中央文献出版社，2013：34.
② 毛泽东. 毛泽东文集：第7卷. 北京：人民出版社，1999：226.

设世界一流大学的重要支撑。哲学社会科学和自然科学共同构成人类完整的知识体系，在认识和改造世界的过程中，哲学社会科学与自然科学同样重要。一个国家的发展水平，既取决于自然科学发展水平，也取决于哲学社会科学发展水平。高校是繁荣和发展哲学社会科学和自然科学的主力军。中国共产党在创办和领导新型高等教育的历程中，始终坚持哲学社会科学和自然科学并重发展的战略，特别重视高校在构建中国特色哲学社会科学学科体系、学术体系、教材体系和话语体系中的重要作用。毛泽东十分重视哲学社会科学，他认为马克思主义的哲学社会科学是教育人民、打击敌人、推动革命和建设事业的工具或武器。《实践论》《矛盾论》《论持久战》等多篇经典著作就是以毛泽东在陕北公学授课演说内容为基础整理的。中华人民共和国成立之初，毛泽东就曾明确提出，要建立由马克思主义者领导的哲学社会科学研究机构。被誉为"我国人文社会科学高等教育领域的一面旗帜"的中国人民大学就是在此历史际遇中兴办的。邓小平在改革开放初期就敏锐地把握住了哲学社会科学的功能和价值，提出"科学当然包括社会科学"，"社会科学也很重要"，并通过对哲学社会科学高等教育领域工作的具体指导，使高校哲学社会科学迎来了繁荣发展的春天。党的十八大以来，以习近平同志为核心的党中央高度重视哲学社会科学的繁荣发展，指出在坚持和发展中国特色社会主义的过程中，哲学社会科学具有不可替代的重要地位。高校要发挥学科齐全、人才密集的优势，在构建体现中国特色、中国风格、中国气派的中国特色哲学社会科学学科体系、学术体系、教材体系和话语体系等方面当好生力军。

（四）建设有中国特色的世界一流大学与一流学科

世界一流大学的衡量、评价是一个极为复杂的课题，虽然国际上推出了不同的大学评价指标体系和排行榜，有些方面的指标是共同的、可以衡量的，但有些方面是不同的、难以衡量的。过去我们较为关注一流大学的共性特征和可以衡量的外在指标，并向这方面努力，但是，一流大学不仅要有这些外显的"形"，更要有内在的"魂"，而这个"魂"没有也无法用统一的国际标准来衡量，也没有一致的路径可以选择，需要根据各国大学发展的历史背景、文化特色、制度特点和时代要求来探寻。中国大学在建设"双一流"的进程中，必须寻求和确立自己的"魂"，把"中国特色"注入大学建设的"魂"中，体现中国一流大学的学术自觉和文化自信，这是"双一流"建设指导思想的重大转变和创新。

中国特色与世界一流是辩证统一的，只有立足中国实际，走中国特色发展之路，才能建成世界一流大学与一流学科；只有以世界一流为标准，瞄准世界一流，不懈努力奋斗，才能与世界一流大学平等交流对话，跻身于世界一流大学之林。没有一流大学和一流学科的本土化，就不存在也不可能实现一流大学与一流学科的独特性和国际影响力。没有瞄准世界一流的中国特色，很可能成为低水平的代名词。

中国特色主要体现在办学理念、发展路径与体制机制等方面，贯穿于高等学校的人才培养、科学研究、社会服务与文化传承等职能中。中国特色的世界一流学科既是学科建设的奋斗目标，也是评价标准。这就要求我们，既要在可比性指标上达到甚至超越世界一流水平，更要为实现中华民族伟大复兴的中国梦做出突出贡献；既要以建成一流学科为努力方向，更要积极探索一流学科建设的中国经验与发展模式。"双一流"聚焦学科发展，是发展理念的重大创新。一流学科建设并不代表只发展优势学科，从某种意义上说，大学的各个学科类似有机关联的生态系统，既有乔木，也有灌木，它们相互支持、共同生长，科学研究就是在学科交叉融合中发展的。有数据显示，最近 25 年，诺贝尔奖项中有近一半属于交叉性的合作研究成果。大学的人才培养更需要在多科性和综合化的环境中培养优秀人才，使科学研究的一流和人才培养的一流相互融合。就中国人民大学而言，以多个排名全国第一的学科为龙头，带动相关学科的发展，建立了以人文社会科学为主的多学科协调发展的生态系统。

"双一流"建设呼唤评价理念与机制的创新。大学的事务、活动和功能宽泛且多元，价值、精神和使命深远而独特。学科评价要促进特色发展，不是鼓励以数量和规模的"大"取胜，而要以学科的质量与水平的"优"来胜出。评价要尊重中国国情，不能简单照搬国外的评价体系，也不能关起门作评价，而应将其放在世界坐标系中去比较。对于各种大学排行榜，尤其是国际大学排行榜，更要保持清醒的头脑对其进行分析看待。只有发现自身优势、克服不足，才能坚定地向着世界一流大学和一流学科的奋斗目标迈进。

根据我国社会发展实际和科技创新需要，世界一流大学和一流学科建设要关注基础性研究的战略导向性、技术革命背景下的传统学科改造升级，加强学术领军人物培养和拔尖创新人才培育环境与机制建设，以及发挥多学科交叉优势的学科群建设和一流实验室建设等问题[①]。通过方向引领、科技创新、制度建设和优势重组，为实现大学跨越式发展拓宽路径，为追求卓越争创一流提供有力支持。

---

① 马陆亭，刘承波，鞠光宇. 扎根中国大地建设"双一流". 现代大学教育，2019（3）：11-16.

参考文献

著作类

马克思恩格斯论教育．北京：人民教育出版社，1958．

马克思，恩格斯．马克思恩格斯选集：第1卷．3版．北京：人民出版社，2012．

马克思，恩格斯．马克思恩格斯全集：第23卷．北京：人民出版社，1972．

马克思，恩格斯．马克思恩格斯文集：第5卷．北京：人民出版社，2009．

马克思，恩格斯．马克思恩格斯文集：第7卷．北京：人民出版社，2009．

列宁．列宁全集：第35卷．2版．北京：人民出版社，1985．

毛泽东．毛泽东选集：第2卷．2版．北京：人民出版社，1991．

毛泽东．毛泽东选集：第3卷．2版．北京：人民出版社，1991．

毛泽东．毛泽东文集：第7卷．北京：人民出版社，1999．

江泽民．江泽民文选：第3卷．北京：人民出版社，2006．

邓小平．邓小平文选：第2卷．2版．北京：人民出版社，1994．

邓小平．邓小平文选：第3卷．北京：人民出版社，1993．

习近平．习近平谈治国理政．北京：外文出版社，2014．

习近平．在文艺工作座谈会上的讲话．北京：人民出版社，2015．

本书编写组．新思想·新观点·新举措．北京：学习出版社，2012．

第一次国内革命战争时期的农民运动资料．北京：人民出版社，1983．

冯刚，张剑．科学发展观教育理论研究．北京：教育科学出版社，2011．

高奇．中国教育史研究·现代分卷．上海：华东师范大学出版社，2009．

李觏．李觏集．北京：中华书局，1981．

厉以贤．马克思主义教育思想．北京：北京师范大学出版社，1992．

柳林元．"三个代表"重要思想的理论与实践．北京：社会科学文献出版社，2007．

人民日报评论部．习近平用典．北京：人民日报出版社，2015．

王炳照．中国教育改革30年·基础教育卷．北京：北京师范大学出版社，2009．

王焕勋．马克思教育思想研究．重庆：重庆出版社，1988．

魏向赤．农村义务教育管理体制面临挑战//2002/2003中国基础教育发展研究报告．北京：教育科学出版社，2003．

余博．农村成人教育干部必读．北京：气象出版社，1993．

虞云耀．"三个代表"重要思想概论．北京：中共中央党校出版社，2006．

张健．坚持三个面向，深化教育改革．北京：人民教育出版社，1996．

章伯锋，庄建平. 抗日战争：第2卷. 成都：四川大学出版社，1997.

郑德荣，等. 中国特色社会主义道路基本问题研究. 北京：人民出版社，2012.

中共中央文献研究室. 毛泽东年谱（1893—1949）：中卷. 修订本. 北京：中央文献出版社，2013.

中共中央文献研究室. 习近平关于社会主义文化建设论述摘编. 北京：中央文献出版社，2017.

中共中央宣传部. 习近平总书记系列重要讲话读本（2016年版）. 北京：学习出版社，2016.

中国大百科全书总编辑委员会《教育》编辑委员会. 中国大百科全书·教育. 北京：中国大百科全书出版社，1985.

中国教育年鉴：1949—1981. 北京：中国大百科全书出版社，1984.

中国学前教育研究会. 中华人民共和国幼儿教育重要文献汇编. 北京：北京师范大学出版社，1999.

中央档案馆. 中共中央文件选集：第11册. 北京：中共中央党校出版社，1986.

中央档案馆. 中共中央文件选集：第17册. 北京：中共中央党校出版社，1992.

中央教育科学研究所. 老解放区教育资料（一）. 北京：教育科学出版社，1981.

中央教育科学研究所. 中华人民共和国教育大事记：1949—1982. 北京：教育科学出版社，1983.

文章类

江泽民. 在庆祝北京大学建校一百周年大会上的讲话. 人民

日报，1998-05-05.

习近平．在北京大学师生座谈会上的讲话．人民日报，2018-05-03.

习近平．在纪念马克思诞辰200周年大会上的讲话．人民日报，2018-05-05.

习近平．决胜全面建成小康社会　夺取新时代中国特色社会主义伟大胜利．人民日报，2017-10-28.

习近平．坚持中国特色社会主义教育发展道路　培养德智体美劳全面发展的社会主义建设者和接班人．人民日报，2018-09-11.

习近平．做党和人民满意的好老师：同北京师范大学师生代表座谈时的讲话．人民日报，2014-09-10.

习近平．清华大学苏世民学者项目启动仪式在京举行．人民日报，2013-04-22.

习近平．在中国文联十大、中国作协九大开幕式上的讲话．人民日报，2016-12-01.

习近平．在庆祝全国人民代表大会成立60周年大会上的讲话．人民日报，2014-09-06.

习近平．一个国家、一个民族不能没有灵魂．求是，2019(8).

习近平．在纪念五四运动100周年大会上的讲话．人民日报，2019-05-01.

习近平．在纪念孔子诞辰2 565周年国际学术研讨会暨国际儒学联合会第五届会员大会开幕会上的讲话．人民日报，2014-09-25.

习近平．在布鲁日欧洲学院的演讲．人民日报，2014-04-02.

习近平．在第十二届全国人民代表大会第一次会议上的讲话．人民日报，2013－03－18.

习近平．在哲学社会科学工作座谈会上的讲话．人民日报，2016－05－19.

习近平．在中央党校建校 80 周年庆祝大会暨 2013 年春季学期开学典礼上的讲话．人民日报，2013－03－03.

习近平．在纪念邓小平同志诞辰 110 周年座谈会上的讲话．人民日报，2014－08－21.

习近平．在联合国教科文组织总部的演讲．人民日报，2014－03－28.

习近平向全国广大教师致慰问信．人民日报，2013－09－10.

习近平．在庆祝中国共产党成立 95 周年大会上的讲话．人民日报，2016－07－02.

习近平．在纪念毛泽东同志诞辰 120 周年座谈会上的讲话．人民日报，2013－12－27.

习近平．在纪念红军长征胜利 80 周年大会上的讲话．人民日报，2016－10－22.

习近平．共同构建人类命运共同体：在联合国日内瓦总部的演讲．人民日报，2017－01－20.

习近平．在知识分子、劳动模范、青年代表座谈会上的讲话．人民日报，2016－04－30.

习近平．在同全国劳动模范代表座谈时的讲话．人民日报，2013－04－29.

习近平在乌鲁木齐接见劳动模范和先进工作者、先进人物代表　向全国广大劳动者致以"五一"节问候．人民日报，2014－05－01.

习近平．在庆祝澳门回归祖国15周年大会暨澳门特别行政区第四届政府就职典礼上的讲话．人民日报，2014-12-21．

习近平．紧紧围绕坚持和发展中国特色社会主义　深入学习宣传贯彻党的十八大精神．人民日报，2012-11-19．

习近平．开放共创繁荣　创新引领未来：在博鳌亚洲论坛2018年年会开幕式上的主旨演讲．人民日报，2018-04-11．

习近平．携手构建合作共赢新伙伴　同心打造人类命运共同体：在第七十届联合国大会一般性辩论时的讲话．人民日报，2015-09-29．

习近平同德国汉学家、孔子学院教师代表和学习汉语的学生代表座谈．人民日报，2014-03-30．

习近平．深化文明交流互鉴　共建亚洲命运共同体：在亚洲文明对话大会开幕式上的主旨演讲．人民日报，2019-05-16．

习近平致中国人民大学建校80周年的贺信．人民日报，2017-10-04．

习近平．把思想政治工作贯穿教育教学全过程　开创我国高等教育事业发展新局面．人民日报，2016-12-09．

曹国兴．加大教育对外开放力度　为全面建设小康社会服务．中国教育报，2002-12-18．

陈宝生．优先发展儿童教育　阻断贫困代际传递．光明日报，2018-11-30．

陈宝生．优先发展教育事业．人民日报，2018-01-08．

陈解放．"产学研结合"与"工学结合"解读．中国高教研究，2006（12）．

党面临的"赶考"远未结束：习近平总书记再访西柏坡侧记．人民日报，2013-07-14．

冯刚，陈步云．扎根中国大地办好中国特色社会主义教育．中国教育报，2018－11－01．

改革要向全面建成小康社会目标聚焦　扭住关键精准发力严明责任狠抓落实．人民日报，2015－12－10．

高举中国特色社会主义伟大旗帜　为决胜全面小康社会实现中国梦而奋斗．人民日报，2017－07－28．

葛道凯．推进教育现代化需要实现"五个转变"．江苏教育报，2019－02－14．

顾明远．中国特色社会主义教育理论建设要以马克思主义为指导．中国教育科学，2018（1）．

贯彻全军政治工作会议精神　扎实推进依法治军从严治区．人民日报，2014－12－16．

韩震．新中国成立60年中国特色教育科学的探索与发展//中国道路：理论与实践，2009．

韩震．扎根中国大地办世界一流大学．光明日报，2016－12－13．

胡锦涛．在庆祝清华大学建校100周年大会上的讲话．人民日报，2011－04－25．

黄恩华．把思想政治工作贯穿教育教学全过程．光明日报，2018－11－26．

绘制新时代加快推进教育现代化建设教育强国的宏伟蓝图：教育部负责人就《中国教育现代化2035》和《加快推进教育现代化实施方案（2018—2022年）》答记者问．人民日报，2019－02－24．

坚持党对教育事业的全面领导．中国教育报，2018－09－13．

建设社会主义文化强国　着力提高国家文化软实力．人民日报，2014－01－01．

举旗帜聚民心育新人兴文化展形象　更好完成新形势下宣传思想工作使命任务．人民日报，2018-08-23．

牢记历史经验历史教训历史警示　为国家治理能力现代化提供有益借鉴．人民日报，2014-10-14．

李锐．为什么要弘扬中华优秀传统文化．光明日报，2019-03-28．

李文长．中国特色社会主义教育理论的基本范畴．教育研究，2008（8）．

立德树人德法兼修抓好法治人才培养　励志勤学刻苦磨炼促进青年成长进步．人民日报，2017-05-04．

刘德中．红色文化是传统文化发展的灵魂：古为今用，打造中国话语，确立文化自信．红色文化资源研究，2017（1）．

刘云山．毫不动摇地高举中国特色社会主义伟大旗帜：学习党的十七大报告的体会．求是，2008（2）．

马陆亭，刘承波，鞠光宇．扎根中国大地建设"双一流"．现代大学教育，2019（3）．

闵永新．坚持"以人民为中心"开启教育新征程．红旗文稿，2018（24）．

铭记红军丰功伟绩　弘扬伟大长征精神．人民日报，2016-09-24．

潘宏．论革命文化的时代价值．光明日报，2018-10-09．

培养什么人，是教育的首要问题．光明日报，2018-09-13．

《求是》编辑部．文化自信是更基本更深沉更持久的力量．求是，2019（12）．

秋实．全面认识和把握我国基本国情．人民日报，2018-05-03．

全面贯彻落实党的教育方针　努力把我国基础教育越办越好．人民日报，2016-09-10．

全面落实"十三五"规划纲要　加强改革创新开创发展新局面．人民日报，2016-04-28．

全社会共同担负起办好教育的责任．中国教育报，2018-09-22．

人民对美好生活的向往　就是我们的奋斗目标．人民日报，2012-11-16．

认真贯彻党的十八届三中全会精神　汇聚起全面深化改革的强大正能量．人民日报，2013-11-29．

深入开展学习宣传道德模范活动　为实现中国梦凝聚有力道德支撑．人民日报，2013-09-27．

孙正林．扎根中国大地　深耕传统文化．中国教育报，2018-10-08．

檀慧玲，刘艳．国家义务教育质量监测：实现有质量的教育公平的有效途径．中国教育学刊，2016（1）．

檀慧玲，万兴睿，罗良．坚持扎根中国大地办教育．中国高等教育，2019（6）．

文化自信是更基本更深沉更持久的力量．求是，2019（12）．

吴德刚．促进教育公平成为国家基本教育政策的重大意义．中国教育报，2010-12-13．

乡村教师队伍建设的成效与困难．中国教育报，2018-07-10．

向全国人民致以新春祝福　祝祖国繁荣昌盛人民幸福安康．人民日报，2015-02-17．

胸怀大局把握大势着眼大事　努力把宣传思想工作做得更好．人民日报，2013-08-21．

杨银付．建设中国特色、世界水平的现代教育．光明日报，2018－09－29．

用新时代中国特色社会主义思想铸魂育人　贯彻党的教育方针落实立德树人根本任务．人民日报，2019－03－19．

优秀传统文化是中华民族的"根"和"魂"．衡阳日报，2017－06－13．

袁贵仁．学习贯彻习近平总书记系列重要讲话精神，努力为全体人民提供更好的教育．人民日报，2014－01－20．

在文化自强中走向兴盛．人民日报（海外版），2016－08－24．

曾铁山．践行中国特色教育的思考．光明日报，2016－04－05．

翟博．均衡发展：我国义务教育发展的战略选择．教育研究，2010（1）．

张大良．扎根中国大地办大学　做出中国大学应有贡献．中国高教研究，2018（12）．

张乐天．论科学发展观与教育政策的创新．南京师大学报（社会科学版），2005（3）．

张力．优先发展教育事业，建设教育强国．中国纪检监察报，2018－02－11．

张允熠．中华优秀传统文化是中华民族伟大复兴的基石．上海师范大学学报（哲学社会科学版），2018（5）．

智学，王金霞．科学的教育政策：教育践行科学发展观的支柱．教育研究，2004（9）．

钟秉林．如何涉过教育改革"深水区"．中国教育学刊，2013（9）．

周光礼，薛欣欣．扎根中国大地办大学：中国共产党创办新型高等教育八十周年论坛综述．教育研究，2017（11）．

周光礼.系统理解习近平关于教育事业发展的重要论述.人民论坛,2019(6).

周衍冰.关于继承和弘扬优秀传统文化的论述.刊授党校,2014(10).

庄穆,肖贵新.中国共产党对待传统文化的科学态度.光明日报,2016-10-05.

后　记

《坚持扎根中国大地办教育》是2019年度国家出版基金资助的"新时代马克思主义教育理论创新与发展研究丛书"中的一本。

本书以教育"九个坚持"中的第五个坚持，即"坚持扎根中国大地办教育"为主题，主要研究与阐述了新时代建设具有中国特色、世界水平的现代教育的指导思想与行动指南，即中国教育改革创新必须按照中国的特点，必须结合中国的实际，必须走中国特色社会主义的教育发展道路。全书围绕教育改革发展要体现中国特色这一核心要义，围绕我国教育改革创新要扎根中国、融通中外，立足时代、面向未来，发展具有中国特色、世界水平的现代教育这一根本目的，围绕我国教育改革发展要扎根中华民族优良教育传统与中华文明的沃土，要遵循各级各类教育发展规律和人才成长规律，要办好中国特色社会主义的一流学科、一流大学、一流教育这些基本路径进行了系统的研究和阐释。

本书的研究与撰写在丛书编委会与本书主编的统一领导下进行。书稿各部分由不同的作者分别撰写：

"前言"，由靳诺（中国人民大学党委书记）、檀慧玲（北京师范大学中国基础教育质量监测协同创新中心讲师、教育学博士后）负责撰写。"新时代办好中国特色社会主义教育的新方略"，由刘

后 记

复兴（中国人民大学教育学院院长、学术委员会主任、教授、博士生导师，中国人民大学习近平新时代中国特色社会主义思想研究院新时代中国特色社会主义教育研究中心主任）、檀慧玲负责撰写。"中国共产党始终坚持扎根中国大地办教育"，由刘复兴、白紫薇（中国人民大学教育学院博士研究生）负责撰写。"坚持扎根中国大地办教育的核心要义是体现中国特色"，由靳诺、檀慧玲、白紫薇负责撰写。"发展具有中国特色、世界水平的现代教育"，由靳诺负责撰写。"扎根于中华民族优良教育传统与中华文明的沃土"，由李兴洲（北京师范大学教育学部教授）、何雨点（中国人民大学教育学院博士研究生）、白紫薇、张伟（中国人民大学教育学院副教授、硕士生导师）负责撰写。"使各级各类教育更加符合教育规律、更加符合人才成长规律"，由于京天（国家教育行政学院副院长研究员）、曾天山（教育部职业与成人教育研究所副所长、研究员）负责撰写。"扎根中国大地办好中国特色社会主义一流大学"，由靳诺负责撰写。"后记"，由靳诺负责撰写。

靳诺最后对全书进行了统稿与定稿。在撰写本书的过程中，得到北京市习近平新时代中国特色社会主义思想研究中心、中国人民大学教育学院、中国教育报刊社、《中国高等教育》杂志、中国人民大学出版社的大力支持，得到了课题组成员和各位作者所在单位的大力帮助，得到了许多同行专家学者的关注和支持，在此一并表示衷心感谢！

靳 诺

2021 年 5 月

图书在版编目（CIP）数据

坚持扎根中国大地办教育／靳诺主编．--北京：中国人民大学出版社，2021.10
（新时代马克思主义教育理论创新与发展研究丛书／靳诺总主编）
ISBN 978-7-300-29957-0

Ⅰ.①坚… Ⅱ.①靳… Ⅲ.①教育研究-中国 Ⅳ.①G40-03

中国版本图书馆 CIP 数据核字（2021）第 206435 号

国家出版基金项目
新时代马克思主义教育理论创新与发展研究丛书
总主编　靳　诺
执行主编　翟　博　张　剑
坚持扎根中国大地办教育
靳　诺　主编
Jianchi Zhagen Zhongguo Dadi Banjiaoyu

出版发行	中国人民大学出版社				
社　　址	北京中关村大街 31 号		邮政编码	100080	
电　　话	010-62511242（总编室）		010-62511770（质管部）		
	010-82501766（邮购部）		010-62514148（门市部）		
	010-62515195（发行公司）		010-62515275（盗版举报）		
网　　址	http://www.crup.com.cn				
经　　销	新华书店				
印　　刷	涿州市星河印刷有限公司				
规　　格	170 mm×240 mm　16 开本		版　次	2021 年 10 月第 1 版	
印　　张	15.25　插页 2		印　次	2021 年 10 月第 1 次印刷	
字　　数	170 000		定　价	78.00 元	

版权所有　侵权必究　　印装差错　负责调换